会政権の軌跡

芹川洋一

日経プレミアシリーズ

はしがき

政治の世界では、自民党でいちばん古い派閥で現在は岸田派とよばれている宏池会について、ある種の共同幻想ともいうべきイメージが定着している。ハト派、軽武装、護憲派、リベラル、経済重視といったもので、右・左という区分けでいうなら自民党の左側に位置するとみられている。保守・リベラルといった分け方なら保守中道ということだろう。

ちょっと前、立憲民主党や国民民主党の首脳が相次いで、派閥創設者の池田勇人から大平正芳を念頭におきながら、自分の立ち位置は昔の宏池会だ、と語ったことがある。安倍晋三政権下での対抗軸として持ちだした面もあるが、岸信介から安倍晋三へとつづく自民党の保守派とは距離をおく勢力と思われている。

イメージが支配し、それで動くのが政治の世界だ。宏池会がハト派であり、リベラルであるというのはたしかにそうした面がある（あった）にちがいない。ただ宏池会の第9代会長である岸田文雄は、むしろ徹底したリアリズムの追求こそが宏池会の本質だと述べる。

首相として憲政史上最長をほこった安倍も死後、リアリストの評価が定まりつつある。思えば政治はリアリズムである。現実を直視してその中で最適解を選んでいく作業にほかならない。明治の元勲たちも原敬も吉田茂もみなリアリストだったはずだ。リアリズムが欠けていたから昭和初期の政治指導者たちは国を滅ぼした。

そう考えると岸田の指摘はある面で正しいが、当たり前の話で政治の必要条件を述べているにすぎない。それだけでなく池田（首相在任１９６０～64年）、大平（78～80年）、鈴木善幸（80～82年）、宮沢喜一（91～93年）、そして岸田（２０２１年～）と5人の首相を輩出したこの集団が政権を担当したときに何か共通項でくくれるものはないのだろうか。

著者はそれをそのときどきに応じた政策のギアチェンジだったとみる。政治から経済で所得倍増の池田。高度成長から低成長で一般消費税導入の大平と行財政改革の鈴木。一国平和主義から国際貢献でＰＫＯ（国連平和維持活動）の宮沢。そして国際環境の変化で安全保障と原発の政策転換の岸田である。

それを派閥による政策変更の「振り子の理論」とよぶかどうか、また首相の座に就いた本人の意向がどうだったか、それらは別にして、それまでの自民党の路線を巧みにかえる役割を果たしてきた。宏池会という集団が自民党政治の延命装置だったことだけはたしかだ。

もうひとつ付けくわえておくと、宏池会5人の首相が政権を担当したときは、なぜか時代の転機だった。米ソ冷戦が激化した60年代。73年の石油危機により経済環境が激変、財政運営の転換を迫られた70年代末から80年代。米ソ冷戦が終焉、国際貢献を求められた90年代。それに現在である。

いずれも、激変する経済社会や国際環境の前で悪戦苦闘、ギアチェンジに成功した例もあれば失敗した例もある。いつもその先に新たな日本をめざし、多くが志半ばで政権の座から去っていった。

時代の激流に翻弄される宏池会政権がたどった道の追跡は、取りも直さず戦後の日本政治史を再確認する作業でもある（文中敬称略）。

「宏池会首相」の在任日数

（カッコ内は在任時期、敬称略、23年8月10日時点）

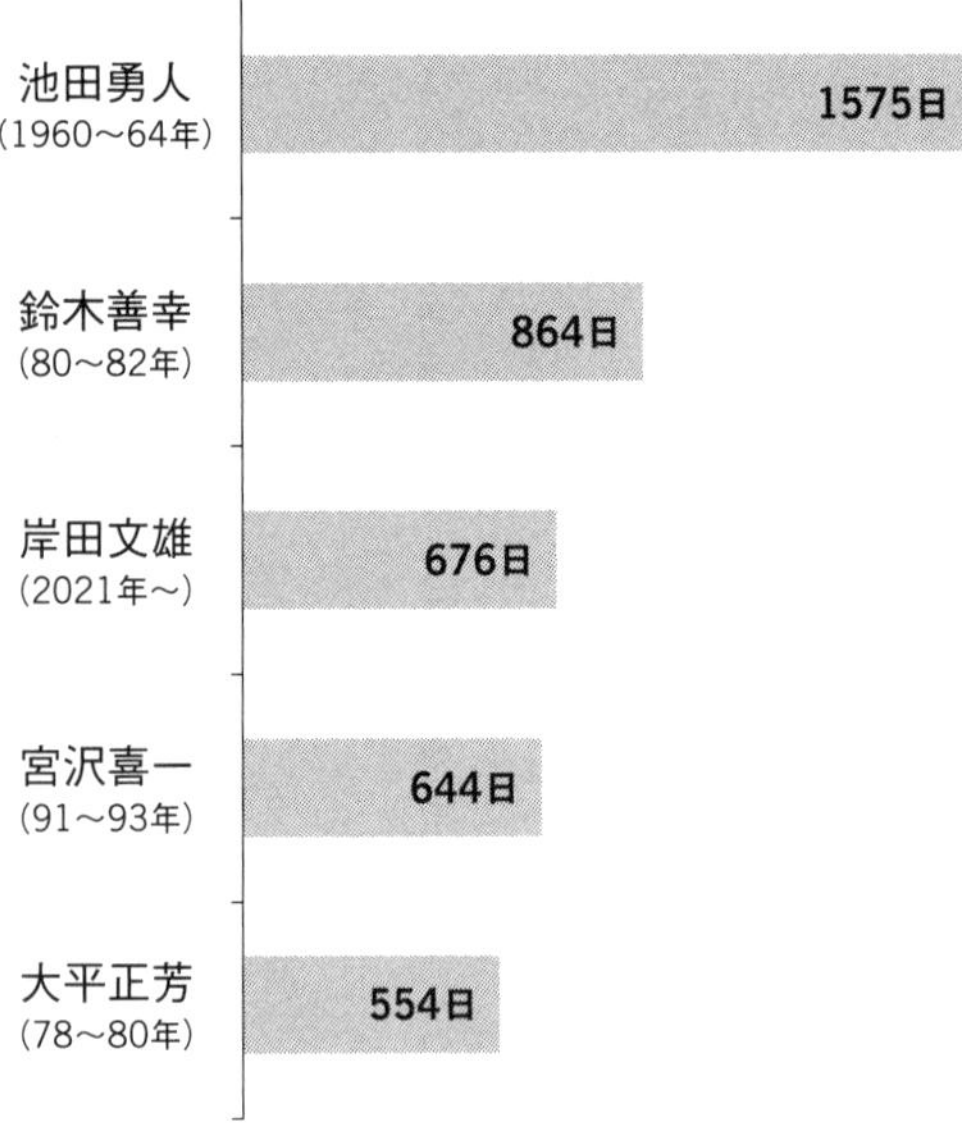

序章

宏池会とは何か

時代の転換期に遭遇する歴史的役割

2023年5月17日、都内のホテルで自民党岸田派の資金集めのパーティー「宏池会と語る会」が開かれた。コロナ明けで4年ぶりの立食形式の会に約3000人が詰めかけた。会場は身動きが困難なほどの大変な盛況だった。同派議員は「ひと昔前とは様変わり。総裁派閥になると変わるものですね」と驚きを禁じえない様子だった。

林芳正宏池会座長（外相）による開会の辞、来賓の麻生太郎副総裁、山口那津男公明党代表の祝辞、続いて岸田文雄首相（宏池会会長）のあいさつ、さらに茂木敏充幹事長が党四役を代表して祝辞といった流れで会合が進行していった。

その言葉の端々に宏池会という派閥がどう受けとめられているのかが見て取れるので、まずそれを紹介しよう。

林は「穏健で現実的な政策を実現していくものとして、歴史的な転換期にあるといわれる厳しい国際状況のもと少子高齢化など国内の問題も山積するなか、中長期的にもしっかりとした政策を実現するため岸田政権を支えて頑張っていきたい」と述べた。型どおりの開会のあいさつだが、この中で「穏健で現実的」な政策を実現していく集団として自らの派閥をとらえているのがミソだ。

麻生の祝辞も似たようなとらえ方だ。「防衛費のGDP比2％への増額が岸田になっていつの間にかできた。日韓首脳のシャトル外交もここ10年間できなかったが、するするとできた。いずれも岸田のリーダーシップだが、極めて現実的に対応している内閣だ」というように、「現実的」という言い回しが出てくる。

岸田は、宏池会の大平正芳、宮沢喜一との共通点がともに日本で主要国首脳会議（G7サミット）が開かれたときの首相であることをあげながら「大平首相は第2次オイルショック直後のサミットだった。宮沢首相は冷戦後の新しい国際秩序をつくるときに行われたサミットだった。いずれも世界が歴史の転換点に向かう中で議長をつとめた。私も世界がまさにそ

2021年1月、宏池会事務所でNIKKEI日曜サロンの収録に臨む岸田文雄（右）、後ろには宏池会の歴代会長の肖像写真が並ぶ　「NIKKEI日曜サロン」より

うで、宏池会出身の首相として宿命を感じずにはいられない」と時代の転機に遭遇する宏池会政権の歴史的役割に言及。

そのうえで「宏池会の歴史と伝統を踏まえ、日本が直面する重要な課題に現実的な決断を行い、具体的に行動してこの国の未来を切り開いていくのは自民党しかない。宏池会がその中心として各政策集団とともに全力を尽くしたい」と理解を求めた。ここでも「現実的な決断」が出てくる。

この後ふれる岸田の宏池会についての認識がまさにそうだが、現実主義＝リアリズムがこの派閥のキーワードになっている。リアリズムは国際政治学の世界では国益や勢力均衡を重視、国際協調のリベラリズムに対比することばとして使われる。岸田らはそうではなく、理想は理想として、リアリズムということばを目の前におこっていることをいかにうまく処理していくかを第一義とする立場として使っている。思想やイデオロギーにしばられない政治態度ということだが、それは無思想、無節操ということにもなる。

変化を踏まえた政策転換は当たり前

首相になっても派閥会長の座にとどまり、岸田が強いこだわりを見せるリアリズムの宏池会とは何なのか。池田勇人が1957年（昭和32年）に旗揚げ、2023年で66年になる。池田、大平、鈴木善幸、宮沢そして岸田と5人の首相を誕生させた。今の自民党でいちばん古い派閥である。

吉田茂の軽武装・経済重視の流れを引きつぐ集団で、宮沢に代表されるような護憲を唱える、いわゆるリベラル派とみられてきた。岸信介の系譜である安倍晋三を中心とする保守色の濃い清和会（清和政策研究会）に対抗する存在というのが政界での一般的な受けとめ方だ。

そうした向きからは、防衛3文書の改定、防衛費の国民総生産（GDP）比2％への増額、反撃能力（敵基地攻撃能力）の保持など戦後の安全保障政策の大転換をした岸田は宏池会の伝統から外れた異端、もしくは政権を維持するため宏池会の仮面をかぶった似て非なる者ということになる。

岸田の考え方はもちろん違う。自らこそが宏池会そのものという強い自負がある。なぜならパーティーのあいさつで述べたように、宏池会の特徴を「徹底した現実主義」と、とらえるからだ。リアリズムが派閥の行動原理の基本だと強調する。そうした立場からは国際情勢の変化を踏まえた政策転換は当たり前ということになる。

「特定のイデオロギーや概念にとらわれない」

23年4月12日の衆院厚生労働委員会。そこで繰りひろげられたやりとりに、ある種の定型的な政界での受けとめ方が見てとれる。

立憲民主党の小川淳也の質問がそれだ。

「私は大平さんの地元・香川だ。宏池会はどうなったのか。ＧＤＰ比２％の防衛費、敵基地攻撃能力、国葬決定。岸田総理の視線の先には、自民党清和会がある。そして、来年（24年）秋の自民党総裁選の再選を最優先に考えている。あらゆる政策決定の背景にはそれがある――」

日ごろは表情をかえることのない岸田だが、ムッとした様子で「安全保障は政治にとってもっとも大切な課題であり、派閥単位の議論に矮小(わいしょう)化するなどということは全く考えていない！」と強い口調で反論した。

つづけて「今、世界規模で歴史的な転換点に立っているという問題意識を持たなければならないと思う。安全保障もそうだし、人口減少、気候変動を始めとする地球規模の課題も、今、決断し、行動しなければ我々は手遅れになってしまう、こういった思いで、ひとつひとつ先送りされてきた課題に取り組んでいる。これが私の基本的な立場だ」と強調した。

現実主義＝リアリズムで、目の前の政策課題に取り組むのが宏池会の一貫した姿勢で、自らもその精神を引き継いでいるというのが岸田の宏池会論だ。

それは首相になってから言いだしたものではない。外相時代に国会で次のようなやりとりをした記録が残っている。

安倍政権下の15年3月27日、衆院外務委員会でのことだ。岸田の考え方が端的にわかるのでちょっと長いが、議事録から引用してみよう※。

＊

寺田学議員（注・民主党＝当時）「大臣は名門派閥宏池会のトップであり、保守本流のど真ん中で頑張っているというのが周辺からの評価である。そこで保守本流とはどのような政治理念なのかということをうかがいたい」

岸田外相「保守本流という言葉は最近、余り使われなくなったが、昭和30年、保守合同で自民党が結党された際、旧自由党系の吉田茂につながる人脈、この流れを保守本流と呼んでいたようだ。この人たちが政策的には軽武装、あるいは経済重視、さらには積極財政、積極経済、こういった政策を打ち出してきたという歴史がある。旧自由党の流れをくむことから、言論の自由とか表現の自由を重視した。その後、自民党の中ではリベラルと言われた人脈につながっていく」

「もうひとつの特徴は、特定のイデオロギーや概念にとらわれることなく、極めて現実的に、リアルに物を考えて、リアリズムに基づいて政策を打ち出した、こういった人脈であったと思う。当時の世界情勢の中で経済と安全保障のバランスをどうとるべきなのか、当時、本当に貧しい日本で国民の生活を向上させるためには何を優先するべきなのか、これを極めてリアルに考えた上で、政策を打ち出した。その結果が、軽武装であったり、経済重視であったり、積極財政、積極経済であったのではないかと思う」

「もうひとつ加えるならば、池田内閣のキャッチフレーズは寛容と忍耐であり、大平内閣のキャッチフレーズは信頼と合意だった。物の決め方について極めてコンセンサスを大事にする、権力の使い方にあっては謙虚であらなければならない、こういった哲学を持っていた人脈ではないかと思う」

「リベラル、リアルな政策提言、謙虚な姿勢、私自身、これからも大事にしていかなければならない大切な姿勢なのではないかと考えている」

＊

言論表現の自由など自由を重視し、特定のイデオロギーにとらわれず現実的に物を考え、コンセンサスを大事にして権力の行使は謙虚——これが宏池会の基本的な考え方で、良質な保守をめざしてきた政治集団というのが岸田の理解になる。

同じ15年のこと。衆院外務委員会答弁から半年後の10月5日。安全保障関連法（平和安全法制）が9月19日に成立した直後である。山梨県・富士急ハイランドリゾートで開いた派閥の研究会で岸田は次のように語った。

「私たち宏池会の政策の本質は、特定の考え方、何とか主義といわれる思想とか、特定のイデオロギーにとらわれることなく、その時代時代において国民が何を求めているか、日本にとって何が大事であるか、極めて政治をリアルに考えて、具体的に政策を打ち出していった。こうした政策に対する現実的な具体的な姿勢が宏池会の政策の本質だと思っている。結果として、その時代において、宏池会として軽武装であったり経済重視であったり積極財政であったり、こういった政策が打ち出されてきた。これが本質だと思っている」

安倍晋三首相のもと、外相として安保法制を推進した宏池会会長・岸田への批判や違和感に反論したものでもあった。

自由主義と現実主義を標榜

岸田がとりわけ特徴的なものとしてあげているのが現実主義だ。首相になる前、菅義偉政権下で無役だった21年1月24日放送のＢＳテレ東番組「ＮＩＫＫＥＩ日曜サロン」※に出演した際のことだ。宏池会とは一言でいうと何かとの質問に次のように答えている。

＊

「宏池会という政策集団はできてから63年（注・当時）になるが、一言でいうならば、徹底した現実主義。それが宏池会の本質ではないかと思っている。時代や理念に流されるのではなく、その時々の国民、世界が何を求めているのか、それを冷徹に見続けてきた集団だと思う。それが所得倍増論で経済の時代を引き起こすとか、日中関係、日韓関係、日米関係、こうした国際情勢に取り組むとか、あるいは安全保障でもＰＫＯ法案は宮沢内閣だった。安全保障でも今、何が求められているのか、それを徹底的に追求したリアリズム、これが宏池会の本質ではないかと思う」

たしかに外相時代の答弁から一貫している。岸田にとっての宏池会のいちばんの肝とはリアリズムなのだ。宏池会といえばハト派で、安倍晋三の清和会がタカ派といった二項対立的なとらえ方は単線的で、旧来の固定観念ということになる。

リベラルということばにはさまざまな解釈があり、受けとり方が人それぞれで異なるので、この表現を避けるとして、自由主義と現実主義が宏池会を貫くものの考え方にはちがいない。

戦後政治で果たした3つの役割

異なる立場の識者の見方も紹介したい。大平正芳が通産相だったときの秘書官で、その後、首相秘書官としても仕え、通産事務次官をつとめた福川伸次の宏池会論だ。07年5月、宏池会50年にあたり派閥（当時は古賀誠派）がまとめた小冊子に寄せた巻頭論文がそれだ。

宏池会が戦後政治で果たした役割として、①経済の成長基盤を強固にした②平和国家としての地位を揺るぎないものにした③吉田政治以来の保守の流れを着実に継承してきた――の3つをあげる。そのうえで3つの特色を指摘する。

第1は、時代先取りの政策提言を数多く発表してきた知的集団である。池田の所得倍増計画、大平の田園都市構想など政策研究グループの提言、鈴木の財政再建と行政改革、宮沢の生活大国構想や護憲論がその具体例だ。

第2は、政治行動の原則を明確にしてきた集団である。経済運営では市場経済と自由貿易を基本に自由化や構造改革に取り組んだ。外交の基本は対米協調で、日中関係の強化やアジア政策などにも努力を傾注した。政治、経済を通じて日米関係を揺るぎないものにすべきという思想は強固なものだった。

第3は、政治権力よりも政治の最適選択を志向する政治集団である。池田は病床において後事をライバルの佐藤栄作に託した。大平は福田赳夫との大福対決の40日抗争のさなかでも「もし退陣に追い込まれれば、あとは福田だな」と漏らした。鈴木は後継に（決してそりが合わなかった）中曽根康弘を推している。政治構造の有利性より、それぞれの時点で政治の最適選択を追求した。

政策提言、市場経済と自由貿易に対米協調、そして合理的な政治権力の選択――。福川は大平の時代から派閥の動向をウォッチ、内部事情にも精通していただけに、官僚の目をとおしてのひとつの宏池会論になっている。とくに大平の考え方を強く投影したところがあるといって良いだろう。

吉田茂の指導のもとで発足

当事者の見方も伝えたい。時代がさかのぼるが、86年(昭和61年)9月4日、派閥の研修会での鈴木善幸会長(前首相・当時)の発言だ。別の側面も見えてくる。

手元に残る記録の講演のタイトルは「宏池会の歴史と伝統」とある。宮沢に宏池会会長の座をゆずることを表明したときのものだ。

池田・前尾繁三郎・大平、そして自らとつないできた宏池会の歴史を振りかえりながら、派閥のよって立つところを述べている。それが講演のサブタイトルである「自由と平和と繁栄を求めて」ということだ。

鈴木はまず「戦後政治の原点と宏池会の結成の当初に立ちかえり、歴史の教訓に学び、21世紀に向かう指針を求めたい」と指摘する。

そのうえで、日本国憲法の制定にふれて「基本的人権の尊重や平等の思想はまばゆいばかりの自由さを実感させた」「民主的改革を占領者から強制されたものとしてよりも、本来自らに備わるべき大切なものとして、積極的に受容したのだと思う。これこそが日本政治の原点ではないか」と続ける。

その自由主義と民主主義の可能性を強く信じた政治指導者の代表が自由党総裁の吉田茂であり、その指導のもとで池田を盛り立てる宏池会が発足した、と派閥創設の経緯を説く。最後は「戦後41年（注・当時）、人々は平和で自由で豊かな生活を享受している。かつての理想はすべて実現され、当時は考えも及ばなかったような多彩な社会が展開しつつある。しかし行く手には多くの新たな課題が待ちかまえている。伝統ある宏池会の力を結集して国民的課題の解決に努力したい」と締めくくる。

岸田の宏池会論は、福川や鈴木のそれとはニュアンスを異にするが、自由であり豊かさであり課題解決といった点は引き継いでおり、派閥が60年以上つづいてきた理由の説明にはなっている。

すでに触れたように、現実主義は理念や思想、イデオロギーではない。状況にあわせて判断し、時のテーマを解決していくという政治としてはある意味で当たり前の行動だ。それは何のこだわりもなく、その時々に向き合っていくことにつながる。現実主義とは無思想の思想と言いかえてよい。自民党のお家芸ともいうべき融通無碍（むげ）に通じるものがある。それが岸田政治批判の根っこだ。

宏池会政権の軌跡は、岸田政権の今後も暗示？

メンバーにとって宏池会は一種の経営体であり、株式会社だった。派閥の時代である中選挙区当時も、派としての行動に田中派や竹下派のような「鉄の統制」はなかった。良く言えば自主性尊重、見方によってはバラバラ。派閥の利益よりも構成員の利益が優先する面があった。「自由」が認められた緩い派閥だった。

政治路線は鈴木がいうように「自由で平和で繁栄を求めて」、福川伸次が集約したように市場経済と自由貿易を経済運営の基本方針に、外交では日米関係重視で、いわゆる軽武装・経済重視主義だった。保守合同の際の吉田自由党の考え方が池田宏池会に引きつがれたのはそのとおりだ。

具体的な政策になると、岸田のいうように主義・主張ではなく、そのときどきの国際情勢、経済情勢にあわせて展開していく現実主義・リアリズムで貫かれていることはたしかだ。これも岸田がいうように、宏池会政権がいずれも歴史の転換点、時代の転機にぶつかっているのは事実だ。

そのとき彼らがどう立ち向かったのか。ひとことでいえば、自民党政治のギアチェンジで、政策転換で、局面を変えて難局を乗り切ろうとしたのである。リアリズムは当然のこととして、自民党政治のギアチェンジを促してきた集団というのが著者の見立てである。結果として自民党の継続をめざしてきたものだ。

政治から経済へ、高度成長下から低成長下の財政へ、一国主義から国際貢献・国際協調主義へ。そして安全保障、エネルギー・原発政策を転換した現在である。

ただこれからみていくように、池田、大平、鈴木、宮沢といずれの政権も党内で権力基盤がしっかりしていたわけではない。権力闘争の渦にのまれるかたちで、志半ばで終わっている。とくに第15代総裁だった宮沢のところで自民党はいったん下野することにもなった。

宏池会のそれぞれの政権がなにをめざし、どう動き、そして挫折したのか、その動きは戦後の自民党政治の軌跡と重なるところがある。ひいては岸田政権のこれからも暗示するものがある。

宏池会政権の4つの物語と、現在進行形の1つの物語の途中経過を伝えたい。

※国会質疑（国会会議録検索システムによる）

※ＢＳテレ東「ＮＩＫＫＥＩ日曜サロン」（番組ホームページから見逃し配信）

目次

第1章

「『利益の政治』によって国民の支持を得る」
所得倍増計画がつくった「明るい日」、そしてひずみ

コラム①
前尾繁三郎　佐藤栄作に踊らされた学究肌の政治家／公平無私の衆院議長が後世に残したもの

第2章

大平政権

負担をかかげ挫折、党内抗争にもみくちゃになった554日

首相就任後、はじめて一般消費税導入に言及
東京サミットの交渉で「血の小便が出た」
「国民が好まないことでもやらなければならない」
政治のテーブルから消えた総選挙最大の争点
「馬を水のそばまで連れてきてくれ。俺が水を飲ませる」

第3章

鈴木政権
行革と財政再建にかけて挫折した864日

第4章

第二臨調会長「メザシの土光さん」、誕生の瞬間
行財政のギアチェンジをめざすが挫折
日米の「同盟関係」をめぐる混乱
「宮沢君には苦労をかけるねぇ」の意味
「権力が求めた政治家」の退陣

コラム② 宏池会の「後継者争い」

宮沢政権

外交・内政のギアチェンジ——宏池会路線の転換を迫られる皮肉
「(PKO)法案に積極的だった」護憲派の旗手
四角四面の憲法9条解釈を嫌う理由
権力闘争の場で力が発揮できない宏池会

写真提供・共同通信

第1章

池田政権

所得倍増計画——豊かさを求めて駆け抜けた1575日

池田勇人首相

▼第36回国会　1960年（昭和35年）10月21日　施政方針演説

「我が国経済はここ数年来、著しい成長を遂げて参りました。特に昨年度は17％という目ざましい拡大を示しました。わが国経済は強い成長力を持ち、今や歴史的な発展期にあると認められます」

「政府は**今後10年以内に国民所得を2倍以上にすることを目標**とし、この長期経済展望のもとに、さしあたり来年度以降3カ年間につき、年平均9％の成長を期待しつつ、これを根幹として政府の財政経済政策の総合的な展開を考えているのであります。（拍手）このような高度の成長を遂げることは、もとより国民の自由な創意に基づくたくましい活動力によるものであります」

政治から経済へのギアチェンジ

宏池会政権の第1章は池田勇人の物語である。戦後、日本がまだ貧しかったころのことだ。60年安保で混乱した岸信介内閣のあと、政治から経済へのギアチェンジで豊かな生活づくりの旗を高くかかげた。「所得倍増計画」がそれだ。魅惑的なキャッチフレーズで人びとを引きつけた。国民に夢を与え、高度成長に向かって時代をぐいぐい引っ張っていった。

60年安保といっても遠い昔の話になってしまった。国会周辺で全学連の安保反対デモに参加した人たちも、はや80歳代※。6月15日、デモ隊が国会内に突入したとき、東大生の樺美智子が亡くなったことを知る人も少なくなった。アイゼンハワー米大統領の訪日も取りやめとなり、国会周辺をデモ隊が取り囲み騒然とした中、同19日午前0時、改定安保条約が自然成立した。23日に岸首相は退陣表明、その後を継いだのが池田だった。

※著者は当時、小学4年。生まれ育った九州の地方都市の小学校では、ほとんどの子どもたちの長ズボンには、つぎあてがあった。冬でも上履きなしで、はだしの友人もいた。東京から転校してきたクラスメートのおしゃれな服をまぶしく眺めていた。

近所には「ニコヨン」と呼ばれた日雇い労働者のおじさんたちが住んでいた。大阪や愛知に集団就職するお兄さんやお姉さんたちがいた。都市ガスもなく、水は井戸水だった。電話もなかった。そんな中、家庭でもテレビが普及し始め、ラジオだけでなくテレビをつうじても時代の空気を知った。教室で「アンポ反対・アンポ反対」と友人らと隊列をくみ行進して遊んでいたら担任の教師にこっぴどく叱られたことを覚えている。

政治から経済への自民党政治のギアチェンジだった。時代の空気を一気にかえた。宏池会政権のスタートだ。

「私の月給2倍論」——所得倍増論のはじまり

「ポスト岸」の60年7月の自民党総裁選には池田のほか、石井光次郎、藤山愛一郎が名乗りをあげた。池田は総裁選で経済成長路線を打ち出した。秘書官の伊藤昌哉が「総理になったらなにをなさいますか?」と聞くと、池田は「それは経済政策しかないじゃないか。所得倍増でいくんだ」ときっぱりと答えた（伊藤昌哉『池田勇人とその時代』96頁）。

総裁選出馬の所信表明で高らかに打ち出した。

「国民総生産を10年後に2倍以上にすることを政策の目標として掲げる。あらゆる階層の所得水準を高め、所得の開きを解消し、全国民の生活水準を先進諸国に劣らない程度までに向上させるために建設的な措置を講じたい」

総裁選の結果は第1回、決選とも池田が勝利し、7月19日に第1次内閣を発足させた。冒頭に紹介したように、国会では10月21日の初の施政方針演説で「政府は今後10年以内に国民所得を2倍以上にすることを目標」にすると明言、政治公約にかかげた。

衆院本会議で施政方針演説する池田首相、議長席は中村副議長＝1960年10月21日、国会

所得倍増論のはじまりはそれより1年半まえ、新聞に発表していたものだった。59年3月9日付の日本経済新聞朝刊の『経済時評』に寄稿したのが「私の月給2倍論」だった。

これにはさらに前段がある。池田に示唆を与えた小論があった。

宮澤喜一『戦後政治の証言』（105～107頁）によると、それより3カ月まえ、59年1月3日付の読売新聞朝刊に当時、中労委会長で経済学者の中山伊知郎の「賃金2倍を提唱」という論文が掲載された。

「2倍の賃金という目標はまず労使の共通目標として、やがては国の政策目標として、具体的な日本経済の未来像への有効な一歩となり得るものと考える」

この記事が掲載されたのを読売新聞の記者から聞いた池田はさっそく読んだ。それは後述する下村治の理論と共通するものだった。

日経に寄稿した「私の月給2倍論」にもどると、その内容は次のようなものだった。

「私の主張はいま月給をすぐ2倍に引き上げるというのではなく、国民の努力と政策のよろしきをえれば、生産性が向上し、国民総生産（GNP）、国民所得がふえ、月給が2倍にも3倍にもなる、というのである」

「経済成長の基礎は設備投資であるが、それが現実の成長としてGNPを増大させ、さらに設備投資が増加し続けるにはこれに見合う有効需要の増加が必要となる。いま日本は供給力に対応すべき有効需要の不足になやんでいる」

「無用不当に経済の成長力を押えないこと、できるだけ各種の統制制限をやめて国民の創意と工夫を生かすこと、道路港湾、工業用水、衛生施設、科学技術の振興はもちろん、住宅その他の施設の充実につとめることによって、国民所得においても西欧にここ数年間で追いつきたい。これが政治家としての私の夢である」

記事のサブ見出しは「統制やめて国内の有効需要ふやせ」である。ケインズ流の主張である。大平、鈴木、宮沢とつづく宏池会の経済政策のもとが池田にあるのはいうまでもない。

池田が日経に論考を寄稿したのは、その2週間前、2月27日の地元広島市内での発言が話題になったためだ。月給2倍論に記者会見で言及し、その夜、袋町の小学校の講堂で満員の聴衆に訴えた。59年5月の参院選に向けた応援演説だった。

広島での演説は、こんなふうにはじまった。

「お仕事中のみなさん。お忙しいでしょうが、私の話をちょっと聞いてください。みなさんの月給が2倍になるという話をいたします。われわれは灰のなかから立ちあがりました。苦しかったあのときの状況を思いだしてください。……いまの経済はよくないと言う人がありますが、これからはもっとよくなります。みなさん自身の働きによって。私がやるんじゃありません。みなさんがやるんですよ。私どもも、みなさんと一緒に頑張ります」
（伊藤81〜82頁）

振りかえると、この演説こそが、経済大国に向けて日本が走り出す号砲だった。

当時の岸政権はすぐさま反応した。月給2倍論を自民党の政策として取りいれた。そのうえで59年10月、経済企画庁は経済閣僚懇談会に「所得倍増計画の基本構想」を提出した。岸からすれば、池田を通産相として閣内に取りこむ呼び水とするねらいだった。入閣という政治的な目的は果たしたが、計画そのものはその後立ち消えになった。

主演は池田、脚本は下村治、演出は田村敏雄

池田は60年岸退陣後の自らの政権で、これをあらためて真正面にすえ、政権の金看板に仕立てあげた。政策が池田のブレーンだった官庁エコノミストの下村治が中心となって立案したものだったのはよく知られているとおりだ。

所得倍増論の主演は池田、脚本を書いたのは下村、そしてもうひとり演出家がいた。田村

敏雄である。月給2倍論はこの3人が織りなした人間臭いドラマでもあった。

まず主演から。池田の歩んだ道を振り返るとき、人生とはわからないものだとしみじみと感じてしまう。

始まりは旧制高校の入試である。当時、ナンバースクールは共通試験。池田は一高を目指して受験する。受験地の名古屋で、同じ宿に泊まったのが佐藤栄作だった。ともに第2志望の熊本の五高に回され、池田は1学期で退学、再受験する。ところが、翌年も結果は同じ。1年遅れで五高生活を始めた。佐藤は2年に進級していた。

大学も東大受験に失敗、京大法学部に進む。そこで高文（高等文官試験）を目指して勉強に励んだ。大蔵省に入省できた。一高―東大が多い中で、五高―京大は傍流。池田は決して先頭集団ではなく、むしろ下位グループだった。

池田はしばしば「おれは赤切符だから、がんばらないとだめだ」と語っていたという。むかしの国鉄は1等車から3等車まであって、赤切符は3等車だった。

しかも、池田は入省5年目、からだ中に水疱ができる落葉状天疱瘡（てんほうそう）という珍しい病気にとりつかれた。生死の境をさまよう。不幸はさらに襲ってくる。妻直子が狭心症の発作をおこして急死する。看病疲れだった。

2年間の休職期間が切れて、退職を余儀なくされた。彼はなにもかも失っていた。どん底だった。広島の郷里に引き取られた。病気は治りはじめた。そこで親身になって面倒をみてくれ、のちに再婚したのが満枝夫人だった。

池田は役人生活に見切りをつけた。日立製作所への再就職も決まった。病気全快のあいさつで東京に出てきた際、日本橋の三越に立ち寄った。これが運命のときだった。池田は公衆電話をみかけ、ふと大蔵省にかけた。

「なに、池田?おまえ、まだ生きていたのか。復職は何とかするから、戻ってこい」

「税務署の用務員もいといません。よろしくお願いします」

遅れること5年。赤切符で、しかも長時間の臨時停車。しかし、決して絶望せず、生き抜く――。ここからが池田の真骨頂である。税金一本ではい上がっていった。終戦の年には主税局長になり、同期にほぼ並んだ。池田が出世街道から外れていたから、終戦時には追放されることもなく、局長、次官に上りつめたというのは、必ずしも正確ではない。努力7分にツキ3分だろう。

石橋湛山蔵相のもとで大蔵次官になる。政界に転身すると、当選一回で日清紡績会長、宮島清次郎の推薦で吉田内閣の蔵相に就任。その後は一気呵成だった。

次に演出の田村。彼は1896年（明治29年）京都府に生まれた。東京高師を卒業後、1年間熊本の師範学校で教鞭をとった。しかし飽き足りなくなって、東大文学部社会学科に入り直し、さらに経済学部に籍をおいた。マルクス経済学を学び資本論を原書で読んだ。1925年（大正14年）、大蔵省に入った。同期に池田がいた。池田より3歳年上の28歳だった。池田が、がらっぱちな野人なら、田村はもの静かな学究タイプだった。

時代は下って32年（昭和7年）。田村は、東条英機らと並んで「二キ三スケ」と呼ばれた星野直樹らとともに、当時の満州（中国東北部）にわたる。そのとき、池田は病気で休職中だった。もし元気なら田村ではなく、池田が行っていたかもしれないといわれた。そうなれば、二人の人生はまちがいなくがらりと変わっていた。

田村は終戦後シベリアに抑留され、50年に帰国、舞鶴港に着く。新聞を開くと「池田蔵相」とある。帰京して、大蔵省同期の山際正道（後の日銀総裁）を訪ねた。どこの池田かと聞くと、返ってきたのは、出世コースを外れていたはずの、あの池田の名前。驚きは一様ではなかった。

田村は池田の手助けをするようになる。宏池会の事務局長におさまり、政策づくりの参謀役を務めた。

最後に脚本の下村。10年（明治43年）佐賀県生まれ。東大経済学部を卒業し、34年（昭和9年）大蔵省に入る。戦前、すでにケインズの講読会を主宰していた。下村を池田と結びつけたのが田村だ。田村は池田の経済の勉強会をつくろうと計画し、下村にメンバーに加わるよう求めた。

初会合は58年（昭和33年）7月10日、赤坂プリンスホテル旧館の2階で開かれた。高橋亀吉らも加わったこの会は、木曜日の昼に開かれたことから「木曜会」の名がついた。

「池田君、ここでは、君にはいっさいの発言を認めない。勉強会だから、黙って話を聞いてほしい」

思わぬ田村の言葉に、池田はあっけにとられた。池田は経済に絶対の自信を持つ。経済をしゃべり出したらとまらない。それを黙っていろというのである。

議論をリードしたのは下村だった。最初の会合に池田は出席したが、その後は議論の模様をテープにとって聞いた。黙って話を聞くことに、耐えられなかったのにちがいない。

当時、秘書になりたての伊藤昌哉は、東京・信濃町の自宅の食卓で、2時間近いテープに聞きいる池田の姿をよく覚えている。テープはそのうちメモになり、翌朝、田村が届けに行くようになった。

下村理論を池田なりに消化して出てきたのが、月給2倍論だった。

「経済のことは、この池田にお任せください」

「私はうそは申しません」

池田は政治に経済を持ち込んだ、初めての政治家だった。あのガラガラ声とともに、時代を強力にリードした。「政治家としての夢」を語り、それを実現していった。

強烈な保守本流意識

ここで宏池会発足の経緯に触れておこう。57年5月18日、政治結社・宏池会を届け出た。事務局長には池田と大蔵省同期の田村敏雄が就いたのは先に述べたとおりだ。

宏池会の命名者は陽明学者の安岡正篤。派閥の設立趣意書によると「高光の榭(うてな)に休息して宏池に臨む」とは、後漢の碩学馬融の文にある句で、自得するところあって動ぜず、しゃくしゃくたる余裕あるのを示す好い句という。池田は「池」の字が入っていることもあって気に入った。

所属議員は衆院44人、参院8人だった。メンバーには池田が大蔵省を中心に集めた官僚群と、林譲治、益谷秀次に代表される党人派の二つの流れがある。前尾、大平、宮沢とも大蔵官僚出身者。後者の流れは鈴木善幸である。いずれにも言えることは戦後保守政治を築いてきたのは自分らだとの強烈な自負心、つまり保守本流意識である。

「財界四天王」とよばれた桜田武、永野重雄、小林中、水野成夫が応援団についた。吉田茂のしいた路線を継承するためブレーンも集めた。下村治をはじめ星野直樹、高橋亀吉、稲葉秀三、伊原隆、平田敬一郎、櫛田光男の7人だ。黒澤明の映画のタイトルにちなんで「7人の侍」とよばれた。所得倍増計画はこのブレーンの手によるところが大きい。

高度成長か安定成長か——池田と福田の路線対立

しかし何ごともそうだが、順調に運んだわけではない。最初の試練は60年安保の後はじめてとなる11月の衆院選を前にした10月12日、日比谷公会堂での立会演説会のさなか、池田の目の前で事件はおきた。社会党委員長の浅沼稲次郎が17歳の右翼の少年に刺殺されたのだ。テレビの中継で浅沼のメガネが吹き飛ぶ場面とともにその場の映像が全国に流れた。各界に大きな衝撃を与えた。

当時、入社1年目で駆け出しの政治記者だった著者の日経政治部の先輩である山岸一平はそのときの様子を次のように書いている（『昭和後期10人の首相』25〜26頁）。

3時前、池田首相が会場についたときは社会党の浅沼稲次郎委員長が演説中だった。われわれ池田番記者は最前列の記者席に陣取った。後ろの方で右翼の一団がさかんにビラをまいたりヤジったりしていた。司会者が浅沼さんの演説を中断させ、「ご静粛にお願いします」と要請し演説が再開したその時である。

1人の男が演壇を目がけて突進してきた。刀のサヤを抜き去り浅沼委員長に体当たりした。浅沼さんは倒れた。（注・1960年7月暴漢に刺された）岸首相のときとは違って血は一滴も出なかった。首相警護の警官はすぐ後ろにいた池田さんを抱きかかえるよ

―うにして壇上から去った。

「弔い合戦」で選挙戦は社会党に有利に展開することが予想された。自民党も喪に服する姿勢を明確にした。事件直後に召集した臨時国会の冒頭、池田が自ら追悼演説に立った。「沼は演説百姓よ　よごれた服にボロカバン……」と労働運動・大衆運動の闘士だった浅沼をたたえる詩を紹介しながら、浅沼をしのび共感をよんだ。「寛容と忍耐」「低姿勢」をモットーに、安保の再改定や憲法改正を否定、国論を二分する政治テーマを棚上げにする方針をはっきりさせた。「所得倍増」で経済に論点をしぼった結果、解散時議席を13議席上回り、踏みとどまった。敗れたのはこの年に結成されたばかりの民社党だった。40議席が17議席に激減、大敗を喫した。

こんどは自民党内である。上州から空っ風が吹いてきた。政調会長の福田赳夫が正面切って所得倍増計画を批判したのだ（福田赳夫『回顧九十年』１４４〜１４５頁）。

福田は61年6月、関西財界人と懇談のため関西に出かけた際、京都での記者会見で明らかにした。次のように語った。

「景気循環は『山高ければ、谷深し』だから、変動の山は極端に高くしないことが経済成長政策にとって大切である。現在の国際収支の赤字は一時的ではなく、継続的なものだ。消費が盛んになりすぎて生産と需要に不均衡が生じはしないか、ここが問題である。経済政策は安定成長路線に切り替えるべきだ」

訪米中だった池田はこの福田会見の新聞記事をハワイで読み、すぐさま新聞を破り捨てたというエピソードが伝わっている。

会見の翌月61年7月の内閣改造・党役員人事で福田は政調会長を更迭された。その後、池田―福田の対立はずっとつづく。翌62年には反池田勢力の受け皿となる「党風刷新連盟」を結成。3年後の64年6月、翌月の総裁選を前に総裁3選をめざす池田に対し「3選出馬辞退こそ混乱を救う唯一の道だ」と公然と池田退陣を要求するところまでいく。

その背景には何があったのか。福田は「私は池田氏に対して非常な不満を抱いていた。池田さんはとにかく岸さんのやったことをみんなひっくり返すし、『低姿勢』などといった表現で暗に岸さんを批判する。先輩であり、功労者である岸さんの顔に泥を塗るようなやり方だ。けしからん、という感情的な要素があったことも否定できない」と率直に語っている

(『回顧九十年』152頁)。

たしかに高度成長か安定成長かの経済政策をめぐる基本的な考え方の違いが池田―福田の対立の表の理由だったにちがいない。ただそこには権力闘争を繰りひろげている政治家の感情という別の理由もあった。どこの世界でも後任者は前任者を否定することで、自らの地位と権力をたしかなものにしていくものだ。そこには感情と欲望がうずまく、きわめて人間的な世界がある。池田―福田もそれを教えてくれる。

「経済失政」への批判と反池田の流れ

たしかに高度成長を実現した。60年から10年間の平均の成長率は10・5%だった。60年12月に閣議決定した所得倍増計画の平均成長率7・2%をはるかに上回った。7・2%は所得が2倍になる数字で、官庁エコノミストの多くは楽観的すぎるとみていたが、池田はこれが不満で9%成長を公約した。それをも超えた。

ものごとは何でもそうだが、一本調子でどんどん伸びて、うまく運んでいったわけではない。株価の推移がそれを物語っている。

60年7月19日、第1次池田内閣の発足時の平均株価は1115円だった。2カ月後の9月18日には1200円台に乗り、第2次内閣が発足した12月8日には1305円、61年2月18日には1500円台、4月には1600円台へと上昇。政権発足からちょうど1年たった61年7月18日、第2次池田改造内閣がスタートしたときには株価が1829円と東証開所以来の高値をつけた。年初来で34％上昇だった。ここまでは順調だった。

しかし景気はあきらかに過熱していた。投資ブームで輸入が拡大、経常収支は赤字になり国際収支は悪化の一途をたどった。物価の上昇も止まらない。

その3日後の61年7月21日。公定歩合の引き上げを発表、金融引き締めに動いた。株価は前日比45円安と開所以来の大暴落。その後もずるずると下げた。文字通りつるべ落としだった。10月には1400円台を割り込んだ。

党内から池田支持に揺らぎが見えてきた。株価暴落・物価上昇・中小企業の経営難――経済失政への批判だ。反池田グループが結成されていく。

11月の全国相互銀行協会設立10周年の記念講演で、池田は「経済は危機にのぞんでいる」とはじめて認めた。12月には1200円台まで落ち、19日には1258円とピークの61年7

月18日に比べて、なんと31％ダウンだった。

12月の経団連の評議会では「経済が悪いときもこの池田に任せてください。もしよくならないならば私は腹を切ります」と悲壮な決意を語った。

池田の秘書官だった伊藤昌哉は翌62年の正月、「1年前のいまごろは、ちまたに『有難や節』（注・守屋浩）が氾濫していたが、いまは『上を向いて歩こう』（注・坂本九）の歌が聞こえた。印象的だった」と書き残している（『池田勇人とその時代』173頁）。

62年に入ると株価は一進一退、第2次再改造内閣が発足した7月18日をみると1479円。63年になると東京五輪を前にした公共投資などで景気は持ち直し、4月5日の株価が1634円まで戻った。だが64年11月の退陣のころ、株価は1200円すれすれまで落ちた。60年7月の内閣発足のときより90円程度高いだけだった。そして五輪後の証券不況に突入していく。

東京五輪の64年を前に政治はあわただしさを増していく。7月の総裁選で3選をめざす池田。これを阻止しようとする佐藤栄作と藤山愛一郎。池田は1回目の投票で242票を獲得、かろうじて過半数を4票上回る僅差で勝利をおさめた。

3選にむけた動きの中で、池田と周辺に考え方のズレが生じていた。池田は自らが進めてきた高度成長路線に自信を深めていた、同時にその間、次第にあらわになってきた成長に伴うひずみを正すための「人づくり政策」で池田政治を完成させたいと考えるようになっていた。

これに対し、宮沢は「私はいっとき3選に懐疑的で、『4年間やったのだから、もういいではないか』と直言し、首相からきついお叱りをうけた」（宮澤『戦後政治の証言』129頁）と振りかえっているように、側近の間でも幕引きを考える向きが出ていた。

口には出さなかったが、大平もそうだった。池田の秘書から長年、宏池会事務局長をつとめ、池田と大平の2人を間近に見ていた木村貢は次のように語っている（木村『総理の品格』79頁）。

「（3選に）慎重派の代表が大平だった。いや、大平の本心は3選反対だった。その理由は、ものごとには潮時があるし時代的役割もあること、4年間も総理大臣を務めれば十分だという思いがあったようだ」

「しかし池田はそれが気に入らなかった。大平に対して『この野郎！』という思いがあったようだ。おれが3選したいと言っているのに秘蔵っ子のおまえがなぜ反対するのだ。なぜ全面的に協力しないのだ、という怒りだった」

東京五輪の終幕とともに退陣

政権のおわりが見えはじめていた。人間は自らの寿命を予知する能力があるものだろうか。64年8月下旬、熊本をおとずれた。熊本は青春時代をすごした旧制五高があったところだ。思い出の地だった。

岡山、青森につづく国政公聴会である「1日内閣」開催のためだ。熊本城址内にある県立第一高校の体育館で開かれた。暑い日だった。学校に冷房などない時代だ。会場には巨大な氷の柱が何カ所にも置かれた。

五高出身の閣僚らとともに、同窓会で蛮声を張り上げて「〽武夫原頭に草萌えて　花の香甘く夢に入り　竜田の山に秋逝いて～」と寮歌をうたった。そのあと郷里の広島県竹原市吉名に入り、墓参と演説で回った。

9月9日、築地の国立がんセンターに入院、治療がはじまった。「前ガン症状」という病名は医師団の苦心の造語だった。10月10日、念願の東京五輪の開会式には病室から出席した。そして24日、五輪の聖火が消えた。国立競技場の電光掲示板には「ＳＡＹＯＮＡＲＡ」の文字が浮かび上がった。病室でテレビの画面に見入っていた池田にとっても「サヨナラ」だった。翌日の25日、退陣を表明した。

高度成長を実現できたのは吉田茂が敷いた軽武装・経済重視路線の延長線上で、防衛費を最小限におさえ、政治資源を経済に集中できたことが大きい。政治のリアリズムだった。これが宏池会の基本路線になる。所得倍増という旗をかかげ、駆け抜けた池田の４年４カ月。経済大国ニッポンの出発点がここにあった。だれもが将来に夢を持てた時代でもあった。

「『利益の政治』によって国民の支持を得る」

その池田政権をどう評価するか。当時を振り返ると、１９５５年、左右社会党の統一に対抗するかたちで、保守合同によって結党された自民党だったが、社会党の勢力拡大を背景に、岸内閣への反感と安保反対闘争により、当時、自民党政権は危機をむかえているように見えていた。そのとき低姿勢と所得倍増によるギアチェンジで、局面を転換したのが池田であるのは事実だ。

政治学者の北岡伸一は次のように総括する（北岡『日本政治史』２２８～２３０頁）。

「こうした政治転換は一時的なものではなかった。自民党は結党以来、憲法改正を綱領に掲げていたが、このような体制問題にふれることを池田は避け、経済政策を中心に置く『利益の政治』によって国民の支持を得ることに力を注いだ。この方針は佐藤内閣にも引き継がれ、自民党は国民の安定した支持を受けた。１９６０年の池田による転換の意義の大きさを考えれば、55年以前と以後とを区別し、55年体制に注目するよりは、60年以前と以後とを区別して、60年体制の成立を重視すべきであろう」

政治の季節から経済の季節へと世の中の空気をかえた。１９６０年体制である、それが自民党長期政権につながった。

所得倍増計画がつくった「明るい日」、そしてひずみ

当時を映している、今なお耳に残るコマーシャル・ソングがある。

「〽明るいナショナル　明るいナショナル　～～ラジオ・テレビ　なんでもナショナル」

「〽ひかる　ひかる　東芝　まわる　まわる　東芝　はしる　はしる東芝〜〜」

テレビ、冷蔵庫、洗濯機と電化製品が家庭に入ってきた。街には街灯がついた。道路も舗装されはじめた。パンが朝の食卓に並ぶようになった。

暗いものは明るく、遅いものは速く、小さなものは大きく、前へ前へと、どんどん動いていく時代だった。それはだれもが求めたものでもあった。明日（あした）という日を「明るい日」と書くのに多くの人が違和感を感じない時代だった。

ただ所得倍増計画のスピードが想定をうわまわる早さで進んだことが、社会にさまざまなあつれきを生じつつあった。

先にふれた64年8月22日、熊本で開いた1日内閣を報じた記事でも「発言者は中小企業の振興、農業の近代化、社会保障制度などについて政府の見解をただし、全体として経済成長の〝ひずみ〟に対する高い関心を示した」とあるように、政権末期にはすでに高度成長のひずみが問題化しつつあった（日本経済新聞64年8月22日付夕刊）。

その後、直接的には公害問題となって明らかになるわけだが、すでに高度成長に影が差しはじめていた。水俣病、四日市ぜんそく、スモッグ公害から都市の過密、交通戦争などなど成長のひずみと、とらえられた。

政治的には住民運動や革新知事の誕生となってあらわれる。東京都では67年、社会・共産両党の支持をえた美濃部亮吉（当時、東京教育大教授）が「成長のひずみの是正」をかかげて知事選で当選、全国各地で革新自治体が誕生する。

安全保障面でも軽武装路線は当時として現実的な選択だったが、それが安保ただ乗り論につながっていく。池田が敷いた高度成長路線は73年の第一次石油危機で終焉をむかえる。それとともに財政政策のギアチェンジも求められることになる。そして大平と鈴木の出番がやってくる。

これより先、佐藤に政権をゆずった池田は64年12月退院、翌65年2月には「病気全快」と病院は発表する。しかし7月になるとガンが再発、のどから食道、肺にまで転移していることがわかる。気管を切開、以後、声が出なくなる。8月になると容体が急変、8月13日昼すぎ、不帰の客となった。享年65歳。

遺体が信濃町の自宅にもどった夕方から雷鳴がとどろき、驟雨（しゅうう）が降りつづいた。通夜の席に居合わせた人たちは「天の哀悼か」と聞いた。

橙青（とうせい）の俳号を持つ衆院議員の大久保武雄（海上保安庁長官・労相）が一句を贈った。

「君逝きし　13日夜の　大驟雨」

「疾風の勇人」から60年、派閥再編で政治に活力を

2017年4月24日 日本経済新聞 朝刊「核心」
論説主幹●芹川洋一

池田勇人が漫画でよみがえった。週刊「モーニング」（講談社）で連載がつづいている『疾風の勇人』がそれだ。先週末には単行本の第5巻が出た。

目に飛びこんでくるのは、がらっぱちな野人ではない。時おり広島弁がまじるもののスマートなイケメンだ。「私はうそは申しません」「経済のことはこの池田にお任せください」とガラガラ声を張りあげていた姿をおぼえている向きは戸惑ってしまう。

敗戦でＧＨＱ（連合国軍総司令部）に占領された日本。吉田茂、佐藤栄作、田中角栄、大平正芳……悪戦苦闘しながら、講和・独立へと歩を進めていく政治家たち。池田

を主人公に展開していく政界物語から当時の政治の活力がひしひしと伝わってくる。

なぜ今、池田なのか。作者の大和田秀樹さん（47）に聞いた。

「戦後史を知らないので調べてみようと思ったのがきっかけです。高度成長の時代をふりかえるとき、中心にいた池田さんを追っていけば戦後が見えてくると考えました」

このあとストーリーは池田の派閥である宏池会（こうちかい）の立ち上げから、所得倍増計画をかかげての政権取りへと進んでいくはずだ。

「吉田さんが政権の座を追われ、池田さんの仲間が今にみてろとリベンジの機会をうかがいながら力をたくわえていきます。首相をめざすとの意思表示が宏池会の結成だったのではないでしょうか」

たしかにその通りだ。宏池会の事務局に残っている1枚の文書がある。

「池田勇人氏を後援しその政治的使命を遺憾なからしめるため『宏池会』を設立いたしました」――。

池田と大蔵入省（1925年）同期で、参謀役として支えた田村敏雄の筆になる設立趣意書の一節だ。ちょうど60年前の昭和32年（57年）6月のことだ。はじめは池田の個人後援会だった。

まもなく宏池会は池田派の名称となる。自由党吉田派の面々を中心に、その後派閥を継承する前尾繁三郎、大平、鈴木善幸、宮沢喜一らがメンバーに名前を連ねた。8個師団といわれた派閥の時代。池田は派閥とともに政権への階段をのぼっていった。

吉田が敷いた軽武装・経済重視の路線。それをうけつぎ「保守本流」を任じた集団は、宮沢のあとの加藤紘一の時に分裂。現在は岸田、麻生、谷垣の3つのグループにわかれている。宮沢が揮ごうした宏池会の額を持っているのは岸田派だ。さる19日の同派のパーティーは池田にはじまる60周年を祝う会だった。

自民党内では池田、佐藤につづいて、三木武夫、田中、大平、福田赳夫、中曽根康弘の三角大福中、そのあとが安倍晋太郎、竹下登、宮沢の安竹宮と、90年代のはじめまで派閥を軸に権力闘争が繰りひろげられていた。

カネ集めやポストの割りふりなど派閥の弊害がいわれ政治改革につながり、小選挙区制になって状況は一変。小泉純一郎首相による派閥破壊をへて、派閥連合体とはほど遠い、ゆるい派閥の集まりの自民党になった。

しかし大平が「人間は3人寄れば2つ派閥をつくる」といったように、人間社会で派閥は決してなくならない。権力闘争の単位としての派閥は厳然としてありつづける。しばしばいわれる「頭をかち割る代わりに頭数を数える」のが民主主義だとすれば、頭数を増やして政治的パワーを強めるのが権力政治の要諦だ。

今、自民党内でいわれているのが、やや下卑た表現だが、派閥の「親分探し」と「子分探し」の動きである。

親分探しとは、ポスト安倍にめぼしい候補者のいない派閥がほかに寄っていこうとしているものだ。谷垣禎一前幹事長が療養中で足並みが乱れている谷垣グループの一部、すっかり先細りになっている山東派。将来展望を見いだせない額賀派も似た状態だ。

これと裏腹の関係にあるのが子分探しである。「何でも回収」といわれる二階派に加え、とくに目立つのが麻生派だ。谷垣グループに加え岸田派も一緒になって元のさやにおさまる「大宏池会構想」が取り沙汰される。

「今、安倍さんに万一のことがあれば麻生さんしかない」というのが大方の見方。ある派閥の領袖も「麻生さんはお元気だし、意欲があると思っていなければならないのでしょうね」と周辺に漏らす。

派閥再編のざわめきの背景には、安倍一強で対抗勢力のない日本政治の今がある。現状では民進党が自民党にとって代わって政権の座につくことなどとても考えられない。とすれば55年体制下の自民党のように、疑似政権交代が可能なかたちを整えていくのがひとつの方法だ。

安倍晋三首相は岸信介─福田の清和会の流れである。その考え方の根っこにあるのは国家の力を強くすることだ。対するのが宏池会の系譜で、自由を重視した現実主義が身上である。その間の田中─竹下の流れは融通むげの無思想だ。だから強かった。

清和会的なものと、宏池会的なものの間で振り子がふれていくのが自民党政権の理念型に違いない。そう考えると派閥再編には意味がある。

いま一度、漫画家の大和田さんの言葉を紹介したい。

「今の派閥は戦う集団じゃあないですよね。何をしたいのかさっぱりわかりません。魅力がありません。漫画の素材にはとてもなりません」

活力なき政治よさらばだ。

＊

経済は手段か目的か――池田内閣が教えるもの

2014年6月23日 日本経済新聞 朝刊「核心」
論説委員長●芹川洋一

アベノミクスの旗をかかげて帆をあげた第2次の安倍晋三内閣。26日で内閣発足から1年半になる。今週には成長戦略をまとめ、新たな3本目の矢を放つ。

その一方で公明党を押し切るかたちで集団的自衛権の解釈変更を閣議決定する。安倍内閣は経済と政治の2つの正面で戦いを挑んでいる。はたして、ともに突破していけるだろうか。

戦後、経済を政治テーマとして真っ正面から取りあげ、経済成長を政治の安定につなげるのに成功した内閣がある。1960年の安保闘争のあとスタートし、64年の東京五輪までつづいた池田勇人内閣だ。

金看板は月給2倍の所得倍増計画。62年をのぞき2ケタの実質成長率でかけぬけた。ふりむけばそこは「黄金の60年代」だった。

気鋭の国際政治学者で『池田政権と高度成長期の日本外交』の著書のある鈴木宏尚・静岡大准教授（41）に話を聞いた。

「60年安保は内政だけでなく外交でも危機をもたらした。それを修復し安定のさきがけをつくり、自民党政権を軌道にのせたのが池田内閣だ」

「冷戦がおわってグローバル化が急速に進んだ。中国が台頭し世界的なパワーシフトもおこった。内政外交ともにゆるやかな危機がつづいている。その中でいかにして安定をつくりだすかが安倍内閣の課題だ」

所得倍増とアベノミクス、64年と２０２０年の東京五輪に加え、危機から安定というテーマも2つの内閣に共通しているとみる。

所得倍増は、60年安保でささくれだった世の中のムードをがらりと変えた。ペース転換である。民主党政権後のアベノミクスで空気が一変したのとそっくりだ。ただ経済には波がある。池田は決して一本調子で高度成長に突き進み、安定を実現できたわけではない。

時計の針を半世紀もどしてみよう。内閣の発足からちょうど1年たった61年7月18日。実力者を配した第2次池田改造内閣がスタートした。平均株価1829円と東証開所以来の高値をつけた。年初来で34％上昇。ここまでは順調だった。

しかし景気はあきらかに過熱していた。投資ブームで輸入は膨張した。経常赤字になり国際収支はどんどん悪くなった。物価の上昇も止まらない。

3日後の7月21日。公定歩合の引き上げを発表。金融引き締めに動いた。株価は前日比45円安と開所以来の大暴落。その後もずるずると下げた。12月には1200円台まで落ちこんだ。

池田はその年の暮れの経団連の評議会で「経済が悪いときもこの池田に任せてください。もしよくならないならば私は腹を切ります」と悲壮な決意を語った。

池田の秘書官だった伊藤昌哉は翌62年の正月をふりかえり「1年前のいまごろは、ちまたに『有難や節』が氾濫していたが、いまは『上を向いて歩こう』の歌が聞こえた。印象的だった」と書き残す（『池田勇人とその時代』）。

63年になると東京五輪を前にした公共投資などで景気は持ち直した。だが64年11月の退陣のころ、株価は1200円すれすれまで落ちた。そして五輪後の証券不況に突入していく。

池田は在任中、憲法や安全保障、自衛隊といった政治的なテーマを横においた。「寛容と忍耐」。低姿勢に徹し、経済にすべてをかけた。先進国クラブである経済協力開発機構（OECD）への加盟も実現した。

鈴木准教授は「池田にとって、経済成長はそれ自体が目的であり、国内を安定させ国際的地位を向上させるための手段でもあった」と分析する。

安倍内閣はどうだろうか。池田内閣のころ大蔵官僚として最前線にいた民主党顧問の藤井裕久・元財務相（81）は次のように語る。

「一内閣一仕事で、池田さんは所得倍増しか言わなかった。経済は目的だった。アベノミクスといっても安倍さんにとって経済は手段でしかない。やりたいことは別にある。そこが2人のいちばんの違いだ」

たしかに安倍首相の宿願は憲法改正であり、集団的自衛権の解釈変更はその前段だろう。そうした政治課題を片づけるための政権固めとしてのアベノミクスという側面は否定できない。

だとしても政治テーマが焦点でないとき、株価と内閣支持の動きがすごく似ていることは確認しておきたい。株価が上昇局面で内閣支持率は上向く。逆に株価が落ちれば支持率も下降カーブをえがく。株価連動政権といわれるゆえんだ。

ここから、世論の支持を背景にして目標の政治課題を処理するには、手段であっても経済にしっかり取り組み市場の評価を得る必要があるという結論が導かれる。経済力をひきあげて国力を取りもどすことは、政治の安定につながる。

もういちど池田の時代にもどろう。63年1月号の中央公論に高坂正堯・京大助教授が「現実主義者の平和論」と題する論文を寄せた（『海洋国家日本の構想』）。

理想論が主流だった中で現実を直視するよう促し「目的と手段との間の生き生きとした会話」が必要と説いた安保論だ。卓見だった。この言葉は政権運営にも通じる。

所得倍増が手段でも目的でもあった池田。首相にとってアベノミクスは手段か目的か。目的と手段との会話から生まれてくるのが政治のリアリズムである。

▶池田勇人　略歴

1899年	広島県吉名村（現・竹原市）に生まれる
1925年	京都帝大法学部卒業、大蔵省入省
45年	主税局長
47年	大蔵次官
49年	衆院議員に初当選。第３次吉田内閣・蔵相
52年	第４次吉田内閣・通産相。「中小企業が倒産し、思い余って自殺するようなことがあってもやむをえない」と衆院本会議で発言。不信任案可決、辞任
53年	自由党政調会長
54年	同幹事長
56年	石橋内閣・蔵相
57年	第１次岸内閣・蔵相。宏池会結成
58年	第２次岸内閣・国務相
59年	第２次岸内閣・通産相
60年	自民党総裁、首相
62年	総裁再選
64年	総裁３選。首相辞任
65年	死去、65歳

▼参考文献

土師二三生『人間　池田勇人』（講談社１９６７年）
伊藤昌哉『池田勇人とその時代』（朝日文庫１９８５年・『池田勇人　その生と死』至誠堂66年を改題）
吉村克己『池田政権・一五七五日』（行政問題研究所１９８５年）
上前淳一郎『山より大きな猪』（講談社１９８６年）
宮澤喜一『戦後政治の証言』（読売新聞社１９９１年）
福田赳夫『回顧九十年』（岩波書店１９９５年）
吉川洋『高度成長』（読売新聞社１９９７年）
芹川洋一「20世紀日本の経済人　池田勇人」（日本経済新聞１９９９年2月8日付朝刊）
木村貢『総理の品格』（徳間書店２００６年）
山岸一平『昭和後期10人の首相』（日本経済新聞出版社２００８年）
北岡伸一『日本政治史』（有斐閣２０１１年）

コラム① 前尾繁三郎

佐藤栄作に踊らされた学究肌の政治家

1964年（昭和39年）12月、池田勇人は東京・築地の国立がんセンターから退院した。翌65年7月、こんどは東大病院に入院するまでの間、自宅や熱海で静養した。

65年に入って、赤坂プリンスホテルの和風別館「弁慶橋清水」で臨時の派閥の総会を開いた。前尾繁三郎、大平正芳、宮沢喜一、鈴木善幸……宏池会のメンバーがほぼ全員顔をそろえた。

池田「自分のあとは前尾先生にやってもらう」

前尾「わかりました」

第2代の宏池会会長に前尾が決まった。世話人という会長の補佐役が決められた。福永健司（のちに衆院議長）、小坂善太郎（のちに外相）、大平、鈴木らが選ばれた。集団指導体制を敷いた。

前尾は京都府の宮津中学から旧制一高をへて、東京帝大法学部を抜群の成績で卒業、本人は大学に残りたかった。しかし1年のとき病気になり、優の数が助手採用の基準に届かず、29年（昭和4年）大蔵省に入った。同期に福田赳夫がいた。

入省直後にはまた病気にかかり、いったん退官、5年間の闘病生活のあと34年に復職。その間、4期先輩の池田と肝胆相照らす仲となった。49年の衆院選には2人とも出馬し初当選した。

池田とは肌合いを異にし、政界きっての読書家として知られ、蔵書は3万冊といわれた。かつて住んでいた文京区の江戸川アパートの2軒分を書庫にしていた。干支の研究でも知られ、『十二支攷』という大部の著書もある。学者肌だった。政治家としては「暗闇の牛」「優柔不断」などと称され、評価は決して高くなかった。

自民党総裁選には2度出馬した。「佐藤再選」の66年総裁選は①佐藤栄作289票②藤山愛一郎89票③前尾繁三郎47票と、獲得したのは自派の票だけ。宏池会が草刈り場になるのを避けるために出馬しただけだった。

「佐藤3選」の68年総裁選は①佐藤249票②三木武夫107票③前尾95票と、三木にも抜かれる始末だった。

「佐藤４選」の70年総裁選に向け、前尾の対応が焦点となった。４選阻止をめざして出馬せよとの派内の声にもかかわらず、前尾は不出馬の選択をした。佐藤に協力するかたちで出馬を見送った。

①佐藤353票②三木111票。佐藤の圧勝となった。宏池会の面々は総裁選後の内閣改造で、佐藤が宏池会を優遇すると期待した。前尾自身、閣内で重用するとほのめかしていた佐藤の言葉を信じていた。

70年10月29日、東京・文京公会堂での自民党大会で４選が決まった佐藤は真っ先に官邸にもどった。前尾を呼んだ。「ちょっと考えたいことがあるので、このさい改造人事に手をつけるようなことはしたくない」。内閣改造の見送りを伝えた（『大平正芳回想録 伝記編』294頁）。前尾は佐藤にいいようにあしらわれたのである。

官邸でのレセプションがおわり、日本短波放送会館５階の宏池会（前尾派）事務所に引き揚げた前尾は緊急総会で佐藤との会談内容を伝えた。

若手の不満が噴出した。ハチの巣をつついたような騒ぎになった。浦野幸男、田沢吉郎、服部安司、佐々木義武、田中六助、伊東正義ら大平に近かった若手が一斉に前尾批判を展開した。

特に田中六助の発言は強烈だった。

「(派閥事務所に飾られている池田の写真を見上げながら)池田さんの遺影が泣いている。今日のていたらくは、池田先生以来の伝統ある宏池会が佐藤総理になめられているに等しい。これまで前尾会長は何をしてきたのか。佐藤のやり方に対して闘えないというのであれば、あなたは宏池会会長たる資格はない。私自身、こんな闘う気のない宏池会から脱退する。もう二度とこの部屋に帰って来ない」

5分間大声で演説した。涙をふきながら部屋を飛び出していった(土師二三生『田中六助・全人像』178頁/『大平正芳回想録　伝記編』295頁)。

公平無私の衆院議長が後世に残したもの

派内のゴタゴタは半年つづいた。紆余曲折、話し合いはようやく決着した。71年4月

17日の総会で前尾からのバトンタッチが実現、第3代宏池会会長に大平が就任した。

前尾「伝統ある保守本流としての使命をもつわが宏池会は、政権担当の集団としてさらに躍進をはからなければならない。新リーダーを決め、新体制をととのえ、私の果しえなかった目的の前進のため前進してほしい」

大平「今回の会長交代は、宏池会にとって結成以来、最大の危機をはらんだものでありました。幹部各位は周到な英知と情理を傾けつくされて同志の間を奔走され、幸いに局面を打開することができたばかりでなく、難局を転じて結束強化の契機にまで高めることに成功したのであります。要は信を腹中においた相互信頼の強化と活発な同志間のコミュニケーションの展開を通じて、この（＝前尾が）示された道標に向かって一路まい進するのみであります」（『回想録　資料編』204～205頁）。

前尾は73年5月、衆院議長に選出された。公平無私の国会運営が与野党に好評で、76年暮れまで3年8カ月、その任にあった。

人には向き、不向きがある。「争いは末節なり」を信条とする教養人の前尾。権力闘争をなりわいとする政治の世界で、それも派閥の力学でものごとが動いていた自民党。

前尾には向かなかった。

膨大な蔵書は郷里の宮津市の市立図書館内で「前尾記念文庫」として管理、一般に公開している。前尾は「政」ではなく「知」を後世に残した。

▼**参考文献**

大平正芳回想録刊行会『大平正芳回想録　伝記編・資料編』（1982年）
――大平正芳記念財団ホームページの「大平正芳全著作」から閲覧
土師二三生『田中六助・全人像』（行政問題研究所1982年）
木村貢『総理の品格』（徳間書店2006年）
山岸一平『昭和後期10人の首相』（日本経済新聞出版社2008年）

第2章

大平政権

負担をかかげ挫折、党内抗争にもみくちゃになった554日

大平正芳首相

▼第87回国会・1979年（昭和54年）1月25日・施政方針演説

「急速な経済の成長のもたらした都市化や近代合理主義に基づく物質文明自体が限界に来ていると思います。いわば、**近代化の時代から近代を超える時代に、経済中心の時代から文化重視の時代**に至ったものとみるべきであります」

「財政があらゆる要求にそれなりに適応することができた**高度成長期の夢は、もはやこれを捨て去らねばなりません**。私は、そういう観点に立ち、**一般消費税の導入など税負担の問題**についても、国会の内外において論議が深まることを強く望んでおります」

首相就任後、はじめて一般消費税導入に言及

第2章の登場人物は大平正芳だ。悲運の政治家の物語でもある。時代は高度成長から低成長へ。その中でどうやって利益分配の政治をつづけていくのか。財源が足りない。赤字国債の発行に手をそめた。蔵相のときだ。責任を感じた。それから逃れようと首相になって税負担を打ち出した。めざしたのは財政のギアチェンジだった。

ところが選挙に負けた。自民党を二分する対立抗争で、もみくちゃになった。そのあげく、命を失ってしまった。そんな時代の転機に立ち向かった宏池会政権の第2話である。

1978年（昭和53年）12月7日に発足した大平正芳内閣。初の自民党総裁予備選での激しい選挙戦で現職の福田赳夫を下した。「天の声にもたまには変な声がある。敗軍の将、兵を語らずだ」と無念の思いを抱きながら福田が去った。しこりが残った。

内閣は師走のあわただしい中でのスタートとなった。79年度政府予算案の編成は越年となった。大蔵原案の内示が1月5日と例年より大幅にずれ込んだ。その前日の4日、大平は佐藤栄作以来、恒例となっている伊勢神宮参拝に出かけた。好天に恵まれ、参道をうめた参

拝客ににこやかに手をふった。外宮、内宮の御正宮で参拝をすませた。これも恒例となっている神宮司庁内での年頭の記者会見にのぞんだ。

大平が初めて一般消費税を導入する考えを明らかにしたのがその場だった。

「現在の財政状況は危機的で放置できないので、新しい歳入政策を立てる必要がある。我々としては一日も早く一般消費税を導入したいが、国民の理解と協力を得ないといけない。54年度いっぱいは新たな歳入計画や財政再建問題を国民と十分論議し、55年度のなるべく早い時期に導入の契機をつかみたい」

80年度（55年度）と実施時期にまで踏み込んだ。相当思い切った発言だった。後々の後の展開を予測するのはもちろん無理だが、その時の一般の関心はまだそれほどでもなかった。

むしろクリスチャンの大平がなぜ伊勢神宮を参拝するのかが話題になっていたぐらいだ。大平は、幕末に日本をおとずれた英国公使のオールコックの著『大君の都』を引用し「日本は多神教の国で、日本人の宗教的寛容さにはびっくりしたと書いてある。そういわれるとたしかに面白い国だ」とかわした。

東京サミットの交渉で「血の小便が出た」

一般消費税導入の構想は早くから財政当局が検討、自民党でも78年度の税制改正大綱で検討がうたわれた。78年末の大綱では80年4月実施の方向を打ち出していた。大平とすれば、伊勢発言はこれを受けたものだった。

79年1月25日、冒頭に紹介した初の施政方針演説での「高度成長期の夢は、もはやこれを捨て去らねばなりません。……一般消費税の導入など税負担の問題についても論議が深まることを強く望んでおります」という発言につながっていく。

しかし通常国会での議論は、ロッキード事件につづく航空機売り込み疑惑のダグラス・グラマン事件に集中。国会審議はしばしば空転、野党の厳しい追及にあった。国会に証人喚問された日商岩井副社長の海部八郎が宣誓書に署名しようとして手がふるえてなかなか書けなかったのはこのときのことだ。

経済論議でも消費税はほとんど取り上げられていない。野党が主張したのは減税だった。とくに公明、民社両党は予算書の書き換えを伴う形式修正に応じるよう要求、これが衆院通過の段階で焦点になった。いったん応じるかに思われたものの、大平は結局、これを拒否。「有楽町でデートしてホテルに行くところまで行ったが、こちらの準備ができていなかった」——。大平のイメージにはそぐわないたとえで説明してみせ、周りを驚かせた。

4月の統一地方選では、自民・公明・民社3党の保守中道の枠組みで勝利、保守回帰の流れをうけて東京、大阪など革新自治体の時代を終わらせた。5月の連休にかけて訪米し、カーター大統領との日米首脳会談にのぞみ、6月下旬には初の日本開催となった東京サミット＝先進国首脳会議（注・当時はそう呼んだ）を議長として主宰した。第2次石油危機の直後で国別の石油輸入目標の設定でギリギリの交渉となった。ようやく日本ものめる案で決着、東京宣言を採択した。大平は「食事はのども通らんよ。血の小便が出たんだ」と漏らしたほどだった。

「国民が好まないことでもやらなければならない」

サミットを乗りきったところで、7月上旬には地元香川にお国入りをし、解散風をあおった。9月に臨時国会を召集、そこで衆院解散に踏み切る。与野党納得づくの事実上の話し合い解散だった。

79年９月３日、国会冒頭の所信表明演説で次のように述べた。一般消費税の導入が選挙戦の最大の争点になっていく。

「財政再建の核心は申すまでもなく、速やかに、膨大な国債、とりわけ特例国債からの脱却を図ることであります。政府は昭和59年度にはこれを実現することを基本的目標として、財政の公債依存体質を改善していく決意であります」

「そのため、第一には来年度予算において、具体的第一歩として公債発行の絶対額を圧縮することとし、税の自然増収分は優先的に国債の減額に充てる。第二には、租税特別措置の見直しなど税負担の公平化を進める。第三には、極力歳出の削減に努めるが、どうしても必要とする歳出を賄うには不足する財源は国民の理解を得て、新たな負担を求めることにせざるを得ない、と考えております」

自民党内では選挙が身近なものになってくるにつれ、増税反対の声が強まってきた。一般消費税に反対する財政再建議員懇談会ができた。２１４人が参加した。「新たな負担」＝増税が選挙に不利に作用するのはどの時代も変わらない。有権者の頭数を競う政治家が増税を好まないのは世の東西いずこも同じだ。

それを正面にすえて選挙にのぞもうというのだから大平は見識あるリーダーだったといえる。ただいきなり剛速球をど真ん中に投げ込めば、打者がのけぞって打席をはずすのも致し方ない面がある。

閣僚たちが集まった席で、経済閣僚が「これでは選挙は戦えない」と弱音を吐くと、大平は「自信をもってやりなさい。選挙は勝ちます」と珍しく強い調子で鼓舞したという。

なぜ彼がそうした考えを持つにいたったかは後述するとして、大平には「国民が好まないことでもやらなければならないときがある。それが政治だ。理を尽くして説得すれば国民は必ずわかってくれる」との思いがあったというのが側近の解説だ。国民への信頼が背景にあった。

そうだとしても有権者にうまく説明し、理解を得て実現するという政治手腕が必要なのはいうまでもない。そのための政治環境をととのえるのもまた政治指導者の技量だ。ところが不運としかいいようがないような不祥事がまさに選挙のタイミングで明るみに出た。

政治のテーブルから消えた総選挙最大の争点

衆院解散の翌日の9月8日、日本鉄道建設公団による組織ぐるみのカラ出張問題を朝日新聞が大々的に報道した。不正経理は各省庁や特殊法人にもまん延している実態も次々に分かった。連日「公費天国」批判がつづいた。これが増税反対の火に油をそそいだ。野党だけでなく、自民党内からも反対の大合唱がおこった。

持ちこたえられなくなった。9月24日秋分の日、ちょうど新聞休刊日だった。大平は選挙応援で中小企業者が多い都内の下町を回った。その先々の街頭演説で一般消費税の導入を断念する方向をにじませた。休刊日明けの各紙の夕刊が報じた。

「一般消費税は財政再建の手立てとして検討してきたのは事実だ。しかし全国的に強い反対がひしひしと攻め寄せている。国民の理解と協力を得ず、いまのような状態でいきなり導入しても成功できるはずはない。一般消費税を導入しなくても財政再建できる手立てを一生懸命考えているところだ。理解と協力が得られないまま軽々に導入し、増税をこととする軽率なことはしない」

そして26日、空路、遊説のため新潟市内をおとずれた。上越新幹線が開業する前のことだ。午後1時前から老舗のホテル・イタリア軒で記者会見がはじまった。都内での街頭演説での発言のあと初めての会見でピーンとはりつめた雰囲気のなかではじまった。同行記者団の質問は当然、一般消費税の導入問題からだ。

「財政当局から一般消費税が検討に値するという案として示されたのは事実だ。国民の理解が得られればひとつの方法だと思うが、仕組みに問題があり、導入にも抵抗がある。導入にようないで財政再建の実をあげることに全力をあげる」

公式の場ではっきりと言い切った。夕刊最終版の締め切り間際。会見場の隣の部屋に架設された各社の臨時電話に同行記者は一斉に飛びついた。身ぶるいしながら、メモを頼りに頭の中で原稿を書きつつ、そのまま電話で吹き込んでいく「勧進帳」で記事を送ったのを覚えている。

一般消費税の導入は政治のテーブルから消えた。しかし選挙戦の期間中、野党は「増税隠し」と大平の増税批判をやめなかった。官僚・特殊法人の不祥事もからめた「増税選挙」で攻め立てた。

「馬を水のそばまで連れてきてくれ。俺が水を飲ませる」

なぜ大平は政治的なリスクを顧みずあえて増税を持ちだしたのだろうか。その理由は74年の三木武夫内閣での蔵相当時にある。

73年の第一次石油危機による景気後退で税収が激減、74年度（昭和49年度）補正予算が組めなくなる。２兆円をこえる歳入不足となった。財政当局は財政法に特例をもうけて、戦後初の赤字国債が発行できるようにする。

大平の娘婿で、大蔵省から出ている秘書官でもあった森田一は「できることなら財政に大きな負担をかけないで不況を乗り切りたかった。しかしこのような事態を放置すると経済は縮小均衡に陥り、マヒ状態となる恐れがあった。そこで大平蔵相はあえて赤字国債の発行に踏み切った」と述べている（『大平正芳回想録　伝記編』３８４頁）。

赤字国債の発行は大平の思いに反して昭和50年代前半でなくすことができず、この問題にいかに決着をつけるかに心を痛めていたという。「大平内閣が成立して、財政再建を最優先課題に掲げた背景にはこのような事情があった」と森田は記している（同３８５頁）。

「ギルティ・コンシャス（罪の意識）」――。78年に政権の座についた大平は赤字国債に頼らざるをえない財政構造にしたことに責任を感じていた。自ら赤字国債からの脱却に取り組む意向だったのである。

大平蔵相当時の秘書官だった小粥正巳（大蔵次官）の述懐が『大平正芳回想録　伝記編』に載っている（378〜379頁）。

「私（注・小粥）がある日、大平大臣に向かって〝歴代の蔵相の中で一番損な役回りを引き受けられたのではないですか〟と申し上げたところ、〝こういうこと（注・赤字国債発行）は誰かがやらなけりゃならん。大蔵省出身の俺が引き受けることになったのも、マア仕方がなかろう〟と言われた。大平さんらしいさりげない物言いの中に、財政再建は自分がやらなければという強い思いが感じられた。後に総理になられて、選挙に不利なことを承知で一般消費税導入を訴えられたのも、この時からの一貫した責任感の表われだったと思う」

こんなエピソードもある。第1次大平内閣で官房長官をつとめた田中六助の秘書官だった柳沢伯夫（大蔵官僚・厚労相）の話だ。

柳沢は78年末、首相執務室におとずれた主計・主税両局幹部の79年度予算編成に関する説明に陪席していた。協議がおわると、大平がこれまたさりげない口調で語った。「わかった。とにかく馬を水のそばまで連れてきてくれ。俺が水を飲ませるから」――。柳沢は「重い発言だった。聞いている私たちの方が緊張した」と書き残している（柳沢『赤字財政の10年と4人の総理たち』38頁）。

右肩上がりの高度経済成長下での財政運営は第1次石油危機で立ち行かなくなり、赤字国債を発行。それをもとに戻して、低成長下での財政運営へのギアチェンジが財政再建であり、その柱が一般消費税の導入だった。

もう少し長い目で見ると、60年にはじまる池田勇人の所得倍増計画による政治から経済への政権運営のギアチェンジから20年近く。それが壁にぶつかったところで、池田のもとで蔵相秘書官から官房長官もつとめた直系の大平が出てきて高度成長下から低成長下の財政運営にギアチェンジしようと挑戦、結果として失敗したという位置づけだ。

大平首相、「増税」の教訓――逃げずひるまずブレず

2011年11月21日 日本経済新聞 朝刊「核心」
論説委員長●芹川洋一

おそらく野田佳彦政権の命運を左右するであろう消費税の税率引き上げをめぐる民主党内の詰めの調整が、［2011年］年末決着をめざして、いよいよはじまった。「社会保障と税の一体改革」というかたちにして、むき身で増税をテーマにするのではなく、社会保障と関連づけ、有権者の理解を得ようとしているのがミソだ。

国の財政を考えれば増税がさけて通れないのは、だれでもわかっている。しかし、選挙での集票の最大化を行動原理とする政治家にとって、だれもがいやがる負担増への拒否反応は、選挙が近づいてくると、どんどん強まってくる。

消費税増税と衆院解散・総選挙がからみあってきた流れのなかで、野田首相には環太平洋経済連携協定（ＴＰＰ）の比ではない風圧が党内からかかってくるにちがいない。これからの1カ月が、政権のひとつの勝負どころになる。

「いまあらためて学ぶべきは、大平正芳さんの政治のあり方ではないか――私は最近、とみにそう思うようになった」。首相は月刊誌「Voice」［11年］10月号で、こんな風に書いた。

一例としてあげたのが1979年10月の総選挙だ。大平首相は一般消費税の導入をかかげ選挙戦に突入した。増税への強い反発から途中で導入断念を表明。鉄建公団のカラ出張など不祥事も明るみに出た。しかも投票日は全国的に大雨で投票率が伸びず、自民党は大敗した。今や歴史の一こまとなっているあの選挙だ。

野田首相は「大平さんは、世論に迎合するのではなく、世論を導こうとした」「やらなければならぬことを国民にきちんと説明し、理解してもらおうとした気概には、大いに学ぶべきだ」と増税選挙にのぞんだ政治姿勢を高く評価する。

大平首相には蔵相当時、発行に踏み切った赤字国債に財政が依存する体質になったことへの「罪の意識（ギルティー・コンシャス）」があった。「国民が好まないことでもやらなければならないときがある。それが政治というものだ」と側近に漏らしていた。

野田首相は8月の民主党代表選の前に、大平氏の娘婿で首相秘書官をつとめた森田一・元運輸相を都内のホテルに招き、大平政治の要諦を聞いた。

森田氏は13項目からなるメモをわたし、増税に関しては「タイミングが大事です。いちど決めたら方針を変えてはいけません」とアドバイスした。首相はうなずいて聞いていたという。

野田首相は、大平首相をモデルに中央突破をめざしているかのようだ。

今月［11年11月］初めの20カ国・地域（G20）首脳会議で「2010年代半ばまでに消費税率を段階的に10％までに引き上げる」と言い切り、国際公約にした。記者会見でも、消費税引き上げの実施時期や税率を明らかにする準備法案を、来年［12年］1月召集の通常国会で成立させる考えをはっきりと示した。

自民、公明両党は、消費税準備法案の成立をめざすのなら、その前に国民に信を問うべきだと主張、与野党によるジャブの応酬がはじまっている。

解散で考えられるのは次の3つのケースだ。

(1) 衆参ねじれのなかで、与野党の調整がつかないまま、赤字国債発行法案などが処理できず、消費税準備法案も成立せず、［12年の］通常国会の会期末に解散となる。

(2)　与野党の協議がまとまり、準備法案は成立するが、来年［12年］秋の民主党代表選、自民党総裁選のあとの解散が暗黙の了解となる。

(3)　解散は再来年［13年］の通常国会の会期末で、改選期を迎える参院と8月に任期満了の衆院との同日選になる。

民主党内は解散の先送りを期待するが、ある党幹部は「はたして再来年まで持って行けるかどうか……」とささやいた。解散をめぐる駆け引きにはいや応なく消費増税がからんでくる。

大平内閣の官房副長官だった加藤紘一・元自民党幹事長は、79年秋を思い出す。

東京・瀬田の大平邸から車に同乗し、用賀から首都高速に入り、官邸に向かっていた。外は雨だった。ぬれそぼつ車窓に目をやりながら、大平首相は問わず語りにしゃべりはじめた。

「加藤よ。雨だ、雨だよ。選挙に負けたのは。国民はわかってくれているんだ。各国では税収を福祉に使っているのに、大蔵省のいうように赤字の穴埋めに使おうとしたから、国民はダメだと言ったんだよ」

今、加藤氏は「一般消費税の導入を断念せずに選挙戦を戦っていたら、そんなに負けなかったのではないか。増税はひるんではいけない。堂々と訴えていくしかない」とふり返る。

大蔵官僚当時、一般消費税のとりまとめにかかわり大平内閣で官房長官秘書官をつとめ、こんどの民主党の一体改革案づくりにも関与した柳沢伯夫・元厚労相も次のように語る。

「欧州の状況をみても日本は大丈夫かと、今や国民の方が心配している。ここで逃げたら国民の常識を裏切ることになる」

一般消費税で揺れた79年総選挙で自民党は大敗、党内を真っ二つに割った40日抗争に発展した。つぎの年［80年］、内閣不信任決議の可決―衆参同日選―大平首相の死という壮絶な政治ドラマへとつながっていった。

消費税には決まってドラマがある。大平首相の教訓が生きて、野田首相が悲劇を演じないですむかどうか。開演のベルが鳴る。

＊［　］は著者挿入

自民から2人が名乗り、異例の首相指名選挙

衆院選に敗北したのは、一般消費税に加え「公費天国」批判、そして投票日の10月7日の全国的な大雨による投票率の大幅ダウンだった。保守回帰の流れの中、優位に立っているとみられ、自民安定多数（２７１議席）確保の報道各社の選挙予測とは大きく異なった。

自民党の獲得議席は２４８議席と過半数（２５６）を割り込み、前回51年の三木内閣のもとでの任期満了選挙の２４９議席も１議席下回った。

大平の盟友・田中角栄は選挙結果について「大平が一般消費税を打ち出したため10議席減り、投票日が大雨にたたられてさらに10議席減った」と残念がった。

党執行部はすぐさま保守系無所属の当選者10人を追加公認して２５８議席を確保、単独過半数を維持したものの、党内からは批判が出始めていた。

「前回の衆院選では当時の三木首相は過半数を割った責任をとって退陣した。今回、それより１議席下回った。大平首相が安定多数をかけて強引に解散したからには当然責任をとるべきだ」という理屈だ。とくに解散に反対していた三木は投票日の翌８日、いち早く「政治家

は責任のけじめをきちんとすべきだ」と責任追及の姿勢を明確にした。

まだこの段階では前年78年、初の総裁予備選で敗れ退陣を余儀なくされた福田の出方ははっきりしなかった。その後の党内を真っ二つに割る政変になるという見方は少なかった。それが急展開するのは選挙から10日後の10月17日の党本部総裁室での大平―福田会談からである。

大平回顧録・伝記編によると次のようなやりとりだった（539頁）。

福田「きょうは君がキリスト、私は神だ。ひとつキリストと神との裸の会談をしよう。時局は重大であり、腹を割って話し合いをしよう。政局の見方について混乱している。方程式は簡単だ。混乱の原因は責任論と事態の収拾論をごっちゃに考えていることだ。分けて考えるべきだ。第一の責任論は簡単である。総選挙の結果、すなわち国民の審判の重さを踏まえ、かつ国民にわかりやすい処置を進言する」

大平「それは私にやめろという意味か」

福田「おそれ多いことだがね」

大平「総選挙の結果を見て私にやめろ、というほどの責任が国民的判断で下されたとは思わない。……これから難問が山積しているので、全力投球で解決にあたるのが責任を果たすことになる。党の機関が私にやめろと言わない限り、やめることはできない。私にやめろということは、私に責任を放棄せよ、死ね、ということになる。党の機関に移して決着をつけたい」

福田「それはどうか。そういう問題は党の機関でどうのこうのではなく、自分から決断すべき問題ではないか」

結局、やめろ・やめないの水かけ論になってしまった。さまざまな調停工作はすべて不調におわった。大平・田中両派による大平支持陣営と、福田・中曽根・三木各派による反大平陣営に党内は真っ二つに割れた。両陣営の勢力はほぼ拮抗。同じ党から大平、福田の2人が首相指名選挙に名乗りをあげるという前代未聞の事態となった。

「大平正芳君135票、福田赳夫君125票……」――。灘尾弘吉衆院議長の指示で事務総長が投票の結果を読みあげた。大平がトップだとはいえ、むろん過半数には届かない。そこで決選投票となった。野党の出方で帰すうが決する。野党は無効票を投じた。大平が138票で福田を17票上回り、ようやく首相に指名された。11月6日のことである。

皇居での認証式をへて第2次大平内閣が発足したのが9日。党三役が決まる11月16日まではそれから1週間。10月7日の投票日から11月16日までの「40日抗争」にやっと終止符がうたれた。

「政治権力よりも政治の最適選択を追求した集団」

ここで10月17日の「君がキリスト、私は神」の大平—福田会談に話をもどすと、会談がおわって大平が官邸小食堂で遅めの昼食をとっていたときのことだ（『去華就實』291～292頁）。

陪席していた官房副長官の加藤紘一（のちに自民党幹事長）に「福田は俺に辞めろといった。しかし俺が辞めたあとはどうするんだ。俺にはなあ、加藤、辞める自由がないんだ」と苦悶の表情を浮かべながら語った。しばらくして「俺が辞めたら、誰が総理になるべきなのか、加藤、いってみろ」と語気を強めて問いかけた。加藤が答えられずに下を向いていると「いってみろ」と怒気を含んだ声で再度、促した。ますます下を向く加藤に「いいか、俺が辞めたら、この国のために総理にさせなければならんのは福田だ」。加藤が耳を疑った。大平はもう一度「国のためには福田だ」とつぶやいた。

加藤は政治指導者のあるべき姿を見る思いだった。熾烈な権力闘争をしていてもそこには相手をみる冷静な眼は失わない。大平の秘書官だった福川伸次（のちの通産次官）が「宏池会は政治権力よりも政治の最適選択を追求した集団だった」と宏池会の特徴を指摘している理由のひとつがこのときの大平の発言だ。

しかしやはり政治は感情と欲望のうずまく世界である。大平と盟友・田中角栄の大角連携、総裁予備選での敗北による首相退場劇、40日抗争による本会議決戦とこじれた福田の感情は怨念になる。三木武夫も首相当時、「三木おろし」に奔走した田中らには抜きがたい不信感と敵対心がやどっていた。

自民反主流派の欠席で内閣不信任が可決

79年が暮れていく。大みそか、大平はNHKの紅白歌合戦を全部みた。

「〽お酒はぬるめの　燗(かん)がいい　肴(さかな)はあぶった　イカでいい……涙がポロリと　こぼれたら歌いだすのさ　舟唄を」——八代亜紀の『舟唄』が気に入った。

そして運命の年、80年が明けた。

5月16日、社会党が内閣不信任決議案を提出した。決議案が緊急上程された衆院本会議は午後5時に開かれた。6月の参院選を前に、否決されることを前提に対決姿勢をアピールするねらいだった。新聞各社は夕刊で内閣不信任案否決へと報じていた。

ところが演壇から見て右側の自民党席は空席がめだった。福田をはじめとする自民党反主流派が本会議をボイコットするかもしれないという前夜来流れていたうわさは本物だった。「委員長、様子が変ですよ。このままいくと危ないですよ。不信任案が可決されるかもしれませんよ」と社会党の田辺誠国会対策委員長（のちに委員長）らが伝えても、楽天主義者の社会党委員長の飛鳥田一雄は「なに、大丈夫だよ。自民党はああいう政党だから、そのうち議場に入ってくるよ」と取り合わなかった。

衆院第一議員会館に集まっていた福田、三木ら反主流派の面々は本会議開会の予鈴のベルが鳴ったことにも感情的になり、依然として顔を出さない。本会議場は騒然としてきた。午後6時34分、決議案に賛成・反対の討論がおわった。「議場閉鎖」。ガチャガチャと金属音がぶつかり合う音が響いた。議場の出入り口が閉まった。

その4分前、中曽根康弘と中曽根派の幹部が議場に入ってきた。入れ替わりに福田派で政調会長の安倍晋太郎（のちに外相）が森喜朗らに抱きかかえられるようにして議場から去った。本会議を欠席したのは69人だった。

午後6時51分、票数が読み上げられた。賛成２４３票、反対１８７票。議場からはウォーとうめき声が響いた。大平内閣不信任が可決した。飛鳥田は読み違えた。大平はぶぜんとした表情だった。

午後7時6分、院内大臣室で臨時閣議が開かれた。憲法の規定で内閣総辞職か衆院解散か――首相一任を取り付けると、大平は幹事長の桜内義雄（のちに衆院議長）らとの協議をへて、再開した閣議で解散を宣言。6月22日の衆参同日選が決まった。

志半ばでの壮絶な最期

運命の衆参同日選は参院選公示の5月30日から選挙戦に突入した。蒸し暑い日だった。党本部での出陣式をおえると大平は第一声で新宿に向かった。遊説車の上から集まっていた千人をこえる聴衆に「参議院選挙が本日、幕を切って落とされました。やがて衆議院選挙も同

1980年5月30日、初の衆参ダブル選挙公示日、東京・新宿の街頭演説中に苦しそうな表情を見せる大平正芳首相。同日、深夜に虎の門病院に緊急入院した。

時にお願いしなければならなくなりました……」と訴えかけた。体をゆすりながら力の入った演説だった。発言のメモをとりながら、いつもとはちがって妙に声のトーンが高かったのを覚えている。

そのあと秦野章（のちに法相）の応援で神奈川を回った。明らかに体調に異変をきたしていた。夕刻、帰宅すると待機していたかかりつけ医が心電図をとった。狭心症か心筋梗塞の疑い。絶対安静・直ちに入院だった。

瀬田の私邸にはりついていた首相番記者がひきあげるのを待って、31日未明、港区の虎の門病院に入院した。問題は病名をどう発表するかだった。1週間後に「狭心症」と明らかにする段取りを決めて、「過労による一過性の不整脈」と発表した（森田一『最後の旅』88頁）。

池田の「前ガン症状」と同様、政治的な影響にも配慮したものだった。

病状をめぐってさまざまな憶測が乱れ飛んだ。それらを打ち消そうと6月8日午前、内閣記者会の代表として3人の首相番記者と病室で取材に応じた。2分の予定だったが、5分近くになった。

——内閣記者会を代表して来ました。

大平「ああ、ごくろうさん」

——気分は。

大平「爽快だ」

——入院中、何を考えておられたか。

大平「選挙のことばかり……」

——いま一番心配していることは。

大平「早く床払いしたい、それだけだ」

——退院して元気になられたら、まず何をしたいか。

大平「まだ、そんなことは考えていない。早くよくなって仕事を……」

――国民にいま一番いいたいことは何か。

大平「一挙に重大な選挙をふたつ同時にお願いしたので、うまくこなしてくれればよいが。十分な用意もなく入ったことですから、日本人はそれなりに、うまく手際よくやってくれるのでは……」

――元気になって、できれば（6月22～23日開催のベネチア）サミットに行かれるように、との関心が持たれています。

大平「ええあ、ありがとう」

6月11日夕方には桜内幹事長と塩崎潤総務局長（大平派・のちに経済企画庁長官）から選挙情勢を聞いた。衆院の北海道1区からはじまって東北、関東と進み、大平は元気なときと同じように、こと細かく質問した。神奈川5区までできたところで30分が経過していた。そこで秘書官の森田一が止めた。

夜中に目覚めた大平は「いま何時ごろか」とたずねた。付き添いが「12時ごろです」と答えると「そう」といってふたたび眠りについた。

6月12日午前2時25分、異変がおきた。大平はふたたび発作におそわれた。若い医師がかけつけてベッドの上で馬乗りになって心臓マッサージをはじめた（森田『最後の旅』101～102頁）。

午前5時54分、医師が臨終を告げた。心筋梗塞による急性心不全だった。享年70歳。高度成長から低成長への時代の転換期。税負担という有権者が嫌がる課題に正面から向き合い、政治のギアチェンジをめざしたものの挫折。政争のうず潮に巻き込まれてしまう。壮絶な死であった。

東京・多磨と郷里香川・豊浜町にある大平の墓石の裏面には、親友でもあった伊東正義による次の文字が記されている。

「君は永遠の今に生き　現職総理として死す　理想を求めて倦まず　斃れて後已まざりき」

「近代を超える時代」を志向した大平の遺産

急死をおいかけるようにしてできあがってきた大平からの宿題があった。政策研究グループの報告である。9つのうちの6つが大平の生前に間に合わなかった。それが首相臨時代理だった官房長官の伊東正義に提出されるかたちをとった。

この章の冒頭で紹介した79年1月の施政方針演説で述べた「近代化の時代から近代を超える時代に、経済中心の時代から文化重視の時代に」という大平の時代認識にもとづき、各界の識者らが重ねた議論を踏まえた提言だった。

78年12月に首相就任して、翌1月から5月までの間に次々と政策研究グループをつくっていった。首相の私的諮問機関である。以下の9つだ（カッコ内は議長）。

①文化の時代（山本七平・山本書店主）
②田園都市構想（梅棹忠夫・国立民族学博物館長）
③家庭基盤充実（伊藤善市・東京女子大教授）
④総合安全保障（猪木正道・平和・安全保障研究所理事長）
⑤環太平洋連帯（大来佐武郎・日本経済研究センター会長）
⑥対外経済政策（内田忠夫・東大教授）
⑦文化の時代の経済運営（館龍一郎・東大教授）
⑧科学技術の史的展開（佐々学・国立公害研究所長）
⑨多元化社会の生活関心（林知己夫・統計数理研究所長）

大蔵省の長富祐一郎ら3人を首相補佐官に任命、佐藤誠三郎、公文俊平（ともに東大教授）、香山健一（学習院大教授）らを中心に各分野の専門家に、各省庁の中堅・若手まで加えたメンバーで構成した。横断的、学際的な枠組みで議論を重ねた。大平は内閣のためでなく21世紀をにらんだ長期的で総合的な観点で自由に討議して提言してほしいと求めた。

総勢176人が参加、延べ134回会議を開き、大平は時間の許す限り出席、議論に耳を傾けたという。大平に直接提言できたのは、③家庭基盤充実⑤環太平洋連帯⑥対外経済政策の3つ。のこりの6つは「自分が首相臨時代理の間に報告書をまとめてほしい」という伊東の指示をうけて、事務局は徹夜作業でとりまとめを急ぎ、7月14日までにすべてを提出した。鈴木善幸内閣が発足したのは3日後の17日だった。

「文化の時代」では国民生活と行政の分野で文化重視に発想を転換するよう促し、「田園都市構想」では都市と農村の融和を提唱、30～50年後に全国で300～500前後の田園都市圏のネットワークの形成を求めた。

「家庭基盤充実」では家庭の自主性、多様性を尊重し、自立自助努力を基本に社会的連帯とのバランスをとる必要性を強調。「総合安全保障」では国防会議に代わる国家総合安全保障会議の設立を提唱した。

「環太平洋連帯」ではグローバリズムの新たな担い手として太平洋諸国の自由で開かれた相互依存関係の形成をめざすとした。「対外経済政策」では欧米諸国と連帯し自由と互恵の原則を中心に国際経済秩序体制の発展に必要なコストを分担すると明記した。

大平の歴史観、文明史観にもとづき、当代一流の日本の頭脳を結集してまとめた2段組みで800頁にも及ぶ報告書。モダンからポストモダンの国へのギアチェンジの問題意識を持ちながら志半ばで世を去った大平の遺産といえるだろう。

今ふたたびの大平研究会――考えよう、射程の長い政治

2019年11月4日 日本経済新聞朝刊「核心」
論説フェロー●芹川洋一

読書の秋、灯火親しむの候――。昔読んだ本を探していたら本箱の奥から、1980年6月、衆参同日選の最中に急死した大平をしのんで編さんした「大平正芳回想録」な

どの数冊が出てきた。

そのなかに「大平総理の政策研究会報告書」があった。２段組みで８００ページにものぼる分厚い本だ。奥付をみたら80年８月とあるから亡くなった直後の刊行である。

９つあった大平首相の政策研究グループの報告を１冊にまとめたものだ。それをめくっていて驚いた。40年近くたっているのに、今につながる内容が数多く盛り込まれているからだ。

大平政策の柱だった「田園都市構想」は地方創生である。経済の時代から「文化の時代」にしても、軍事だけではない「総合安全保障」にしても、当時はしっくり来なかったが、今では当たり前だ。

「環太平洋連帯」はアジア太平洋経済協力会議（ＡＰＥＣ）そのものである。「家庭基盤充実」は女性活躍でありワークライフバランスだ。

首相の私的諮問機関の報告といえば、当面の政治課題への処方せんを示すのが普通だ。それがどうしてこんなに息の長いテーマに取り組んでいたのか。そこから、今後の政治のあり方が浮かんでくるような気がしてならない。

大平内閣がスタートしたのは78年（昭和53年）の12月。すぐさまつくったのが政策研究会だ。最初にできたグループが田園都市（梅棹忠夫議長）。そのあと環太平洋（大来佐武郎議長）、家庭基盤（伊藤善市議長）、総合安保（猪木正道議長）、文化の時代（山本七平議長）など翌年の春までに9つの研究会がつくられていく。

学者、有識者、経済人に加えて中堅・若手の官僚まで、総勢176人にのぼる。中核メンバーは佐藤誠三郎、公文俊平（ともに東大教授）、香山健一（学習院大教授）の3氏だった。

娘婿で首相秘書官をつとめた森田一氏（元運輸相）は「大平が総理になる前から、牛尾治朗さん（ウシオ電機会長）や浅利慶太さん（演出家）が佐藤誠三郎さんらを連れてきて良く話をしていた。もともとそうした人的なつながりがあった」と振りかえる。

そこに大蔵省で森田氏より1年後輩の長富祐一郎氏（昭和33年入省）が中心になって開いていた大平を囲む勉強会があり、そこから研究会に発展していったという。

首相になる前の通産相時代から秘書官をつとめ長く大平をみてきた福川伸次氏（元通産次官）は「大平さんは20～30年先をみる人で、テーマ設定も自らの思想にもとづくものだった。自分の構想を体系的に肉づけし、具体的な政策につなげてほしいという考えだった」と語る。

研究会発足の際の発言に大平の思いが端的にあらわれている（79年2月24日）。

「官邸にまいってから……放っておくと世間に疎くなり、裸の王様になりかねない。もう少しみずみずしく世間とお付き合いできないだろうか。とりわけ知的な分野で交流できればありがたい」

「大胆に政府に遠慮されることなく、きわめて客観的にのびのびとご意見を吐露していただければと思う」

21世紀を展望し日本に必要なことを、内閣の見解と違っていても、自由に議論してほしいということだった。

研究会は延べ134回開かれた。大平は日程の合間をぬって議論に耳を傾けた。報告書の6つがまとまったのは大平の死後になった。

次の政権に引き継がれることもなく、政策的に直接日の目をみることはほとんどなかった。そんな中で89年にAPECとして具体化した環太平洋連帯は例外だった。

ただこの構想に米国が強い警戒心を抱いたと外務省からの秘書官だった佐藤嘉恭氏（元駐中国大使）は証言する。

「田中角栄さんと近い大平さんがソフトなタッチで、日米同盟関係を薄めようとしてきているのではないかというのが国務省の反応だった。そうではないと躍起になって説明した」

そこで一計を案じ、80年1月、オーストラリアを訪問した時、フレーザー首相から声をあげてもらったという。

シンクタンクのＮＩＲＡ総合研究開発機構も大平研究会に着目し「記憶の記録をつくろうとテーマ付きのオーラルヒストリーに取り組んでいる」と理事をつとめる谷口将紀・東大教授は語る。

谷口教授は「大平研究会がユニークだったのは、専門知識を活用しながら自画像を描かせたほかの内閣のブレーンとは違って、もっと大きな絵を描いてくれと求めたところだ。若手官僚も含めたフォーラムをつくり、知を総結集したのは画期的だ」と評する。

課長で「文化の時代の経済運営」研究会のメンバーに加わっていた福井俊彦氏（元日

銀総裁）は「経済、政治、社会の専門家が我が道ではなく、総合的に物を考える場があっていい」と指摘する。

課長補佐で研究会の書記役だった細川興一氏（元財務次官）は「国家という広い視野で物を考える素地をつくってくれた」と意義を強調する。

「ポスト安倍」では時間軸・空間軸の長い政治が求められるに違いない。自民党内だけでなく、統一会派を結成した野党が再起を期そうとすればなおさらだ。２０４０～50年をにらんだ射程の長い政治である。今ふたたびの大平研究会。あらためて光を当ててみる価値がある。

▶大平正芳　略歴

1910年　香川県豊浜町に生まれる
36年　東京商科大学（現・一橋大学）卒業、大蔵省入省
52年　衆院初当選
60年　第2次池田内閣・官房長官
62年　同・外相
67年　自民党政調会長
68年　第2次佐藤内閣・通産相
71年　宏池会会長
72年　第1次、第2次田中内閣・外相
74年　第2次田中内閣・蔵相、三木内閣・蔵相
76年　自民党幹事長
78年　首相
80年　死去、70歳

▼参考文献

大平正芳回想録刊行会『伝記編（82年）・追想編（81年）・資料編（82年）』
大平正芳記念財団『人と思想』（90年）・『在素知贅』（96年）・『去華就實　聞き書き大平正芳』（2000年）
——以上、大平正芳記念財団ホームページの「大平正芳全著作」から閲覧可能
政策研究会『大平総理の政策研究会報告書』（自民党広報委員会出版局1980年＝非売品）
田中六助『大平正芳の人と政治』（朝日ソノラマ1981年）
森田一『最後の旅』（行政問題研究所1981年）
川内一誠『大平政権・五五四日』（行政問題研究所1982年）
柳沢伯夫『赤字財政の10年と4人の総理たち』（日本生産性本部1985年）
大平正芳記念財団『大平正芳とその政治　再論』（ＰＨＰエディターズ・グループ2022年）

第3章

鈴木政権

行革と財政再建にかけて挫折した864日

鈴木善幸首相

▼第93回国会　１９８０年（昭和55年）10月3日　所信表明演説

「これからの国民の需要に的確にこたえる行政を実現するため、長期かつ総合的な視野を持った行政改革案を策定する必要があります。このため、**臨時に総合的な調査審議機関を設立すべく**、ただいま準備を進めております」

「わが国の財政は、昭和50年度から大量の公債に依存した財政運営が続いております。このような異常な状態を深く憂慮しております」

「私は、わが国の将来の基盤を確かなものにするため、断固として財政再建に当たる決意であります」

▼第95回国会　１９８１年（昭和56年）9月28日　所信表明演説

「国債の減額、とりわけ**特例公債からの脱却**は、財政再建の中核であります。政府は、**昭和59年度にこれを実現することを目標**としており、57年度予算の編成に当たっても、行財政改革による歳出の抑制を通じて着実にこの目標に向かって前進する決意であります」

「ポスト大平」の総裁選びで急浮上

第3章は鈴木善幸政権の物語である。党内抗争で命を縮めた大平正芳のあと「和の政治」をかかげた。党内融和をめざし、遺志でもあった行政改革と財政再建にかけるがあえなくとん挫。目標にしたのは、対立から融和への自民党内のギアチェンジと、大平につづいての高度成長から低成長のもとでの財政のギアチェンジだった。ここでもまた未完におわる宏池会政権のストーリーがあった。

自民党内で派閥がしのぎを削っていた昭和の後期。派閥の領袖でなかった鈴木がなぜ首相になったのか。まずその背景と経緯から説明したい。

池田勇人の政権は岸信介の60年安保があって成立したように、鈴木の政権は大平の急死なしにはあり得なかった。

田中角栄、大平、福田赳夫、中曽根康弘、三木武夫というリーダーが率いた集団が切磋琢磨した5大派閥の時代。総理総裁の任にあったその1人が突然亡くなった。１９８０年6月

12日。それも投票日を10日後にひかえた初の衆参同日選の選挙戦の最中だった。
同日選に突入したきっかけは前章で触れたように福田、三木両派を中心とする反主流派が、社会党が提出した大平内閣不信任案の衆院本会議での採決に欠席、野党の賛成多数で可決されてしまったことだ。大平は衆院解散・総選挙でこれに対抗。いわゆるハプニング解散である。自民党内は真っ二つに割れたままで、選挙戦に突入。分裂選挙の様相を呈していた。

ところが大平の急死で主流・反主流を問わず、自民党候補者は喪章を腕にまいて「弔い合戦」を展開。衆院で284議席を獲得した。公示前の258議席から大きく伸ばし、単独過半数を確保した。参院でも69議席を獲得、非改選とあわせ過半数を10議席以上上回った。与野党伯仲状況に終止符が打たれた。大平の死が自民党を救った。

焦点は「ポスト大平」の総裁選びにうつった。中曽根、河本敏夫（三木派）、宮沢喜一（旧大平派）の名前が取りざたされた。そのなかで急浮上してきたのが大平派の大番頭である鈴木善幸だった。

自他ともに認める「議長タイプ」が首相へ

自民党では、ゆくゆくは首相になるかもしれないと思われる政治家（本人の思いは別にして）と、議長になるかもしれないと思われる政治家に二分される。識見、人間性、育成過程などから何となくそんな色分けがされる。派閥とは総理総裁をめざすための集団で、その領袖はもちろん首相候補タイプだ。そのもとで番頭格の存在が議長タイプという区分けが一般的だ。

鈴木は後者である。1989年に首相になる宇野宗佑、海部俊樹も派閥のリーダーではなく、首相候補タイプではない。その道を開いたのが鈴木といえる。鈴木自身が「ぼくの政治家としての一生の希望は、じつは衆議院議長だったんだよ」と語っていたのを聞いたことのある秘書もいる。

そんな鈴木がどうして首相になれたのか、なったのか。鈴木の信頼が厚かった木村貢（2017年死去）という秘書がいた。池田勇人の秘書を振りだしに、それからずっと派閥の事務局長をつとめ「キイさん」とよばれた。まさしく「宏池会の生き字引」だった。彼は、鈴木をとりわけ身近で見ていただけに、関係者が亡くなったあとに残した解説はまず正しいだろう（木村『総理の品格』169頁以下）。

第1章で池田の所得倍増論を主演・池田、脚本・下村治、演出・田村敏雄と紹介したが、鈴木政権の誕生について木村も似たような説明をしている。

主演・鈴木善幸、演出ならびに脚本・田中六助、宣伝・斎藤邦吉――。

田中は日本経済新聞政治部次長から池田の秘書になり、1963年の衆院選で旧福岡4区から初当選、大平内閣で官房長官をつとめた大平側近だ。当時、筆頭副幹事長だった。政界では「六さん」とよばれた（ちなみに東京医科歯科大学の田中雄二郎学長は長男）。

斎藤は労働事務次官から政界入り。旧福島3区選出で、大平政権発足の際、幹事長人事をめぐり反主流派が田中角栄に近いとして鈴木善幸の起用に反発、その代役で幹事長をつとめた。宏池会では鈴木に次ぐ番頭格だった。社労族のボス的存在でもあった。

遠い昔の昭和、政治資金の話

木村貢の著書によると、大平会長時代の宏池会はだれが見ても「大平大将」「鈴木副将」で、後継の会長はおのずと鈴木に決まる流れだった。しかし鈴木本人は会長になることに気乗り薄だった。

鈴木に次ぐ派閥ナンバー3だった斎藤。派閥の会長を決めて「ポスト大平」にのぞまないと他派閥の草刈り場になるのをおそれた。鈴木を会長に担ぎ上げるしかないと考えていた。そこで鈴木の信任の厚かった木村に説得を頼む。

木村「このままでは宏池会は空中分解してしまいます。中心がなくなってバラバラになってしまいます。大平先生が党内抗争に巻き込まれ、犠牲になってしまわれたわけですから、ぼくも鈴木先生に総理・総裁になってくれとまでは言いません。でも宏池会の大将ぐらいはできるでしょう。斎藤先生やほかの先生がたも手伝ってくれるはずです。宏池会の会長だけは『うん』と言ってくださいよ」

鈴木の答えはノーではなかった。「うーん。……きょうは帰るよ」。そう言い残して帰宅した。

木村の著書に書かれているのはこの通りだが、裏は政治資金の話だったと推測する。

当時の派閥は領袖が中心となって年間に数億円から数十億円単位で、政治献金をあつめ、それをメンバーに配り運営していた。田中角栄が「金権」と批判されたが、どこの派閥も構造・体質は似ていた。ときに明るみに出ることもあったが、水面下では金によって政治が動く、そんな時代だった。きれいごとだけではない世界があった。

大平はさまざまなネットワークで、政治資金をあつめることができた。総務会長10期で閣僚としては農相をつとめた程度で水産族の鈴木にそれは無理だった。

「一銭も使わずに総理になったのはおれだけだ」と本人が自慢げに話していたのを聞いたことがある。それは集金能力がなかったことの裏返しの表現でもあった。もっとも後で触れる2年後の82年秋にスパっと未練なく退陣できた裏の事情にはそれもあったにちがいない。

木村は池田以来の宏池会の「金庫番」だった。実際に派閥の資金の出入りを管理していたのは彼だ。宏池会のカネの流れをすべてわかっていた。その彼が政治資金集めを保証したのがこの鈴木とのやりとりのはずだ。

選挙をはじめとして困ったときに献金を督促するやり方を聞いたことがある。宏池会と付き合いのある企業の総務担当のもとに出向いて、金額を記入した領収書を置いてくるのだそうだ。今から40年ぐらい前の遠い昔の昭和の話である。

閑話休題。木村はそのやりとりを斎藤に伝えると「あ、決まった！」と叫んだ。取材にきていた宏池会の番記者に「ウチの候補者ができたぞ。立派な候補者だ」――。そう言い残して、米国大使館と道をへだてた日本短波放送会館5階にあった宏池会事務所を出ていった。新聞各社が一斉に鈴木宏池会会長を報じ、鈴木総理・総裁の流れができていく。たしかに木村貢がいうように、斎藤邦吉が「宣伝」担当だった。

「幕があがる前に芝居は終わっていた」

演出ならびに脚本の田中六助の動向を追ってみよう。斎藤―木村に先立つ動きだ。

当時の田中の日記をもとに振りかえっている土師二三生『田中六助・全人像』（230頁以下）によると、次のようだ。

同日選投票日の3日後の6月25日。都内の赤坂プリンスホテルで開いた自由社会研究会

（盛田昭夫ソニー会長ら経済人と自民党ニューリーダーによる集まり。自由社研と呼びならわされた）の朝食会のあと、田中は宮沢を呼びとめた。

田中「あんた、やる気があるかね？」

宮沢「推されればね。しかし宏池会にはもうひとり候補者がいるんじゃないの」

宮沢喜一と田中六助はその後「一六戦争」といわれる「ポスト鈴木」をめぐる宏池会の主導権争いをするが、この時点では大平のあとを継ぐ可能性があるのは宮沢とみられていた。とかく韜晦（とうかい）のポーズをとる宮沢らしいものの言い方だから、そう答えたにちがいない。

田中六助は、このとき宮沢が「頼む」といえば、その後宮沢で動いたと述懐していた。ただ田中角栄の受けが悪かった宮沢の擁立は無理だとわかったうえでの解説だろう。

自由社研の翌26日、大平邸の遺影のまえで田中六助は鈴木と向き合った。決意を促す田中に、鈴木は「六さん、おれにやれといっても無理だよ。おれはそんなものやる気はないんだよ」とまで言い切った。業をにやした田中は「そうすると宏池会からはだれも出ない。河本や中曽根の方からぐいぐい声がかかる。それでも宏池会は拱手傍観。そんなことであんた、鈴木さん。いいんですね」と怒気を含んだ声で念を押した。

するると鈴木は田中の手をぐっと握りしめた。「実はそれができるのは六さん、あんた以外にない。あんたが動けば鈴木政権はできるかも知れんのでね」。

田中六助の動きは早い。すぐさま車を飛ばして御殿場の岸信介邸を訪ねた。後継鈴木を説得、福田赳夫への工作を依頼した。翌27日には目白の田中角栄邸を訪問、理解を得た。

先述したように大平政権発足時に「鈴木幹事長」に反対した福田も鈴木容認に傾いた。田中・旧大平・福田の３派の連携が成立、あっという間に鈴木の流れができた。

「幕があがる前に芝居は終わっていた」――前尾繁三郎のことばが「ポスト大平」政局を実にうまく言いあらわしている。たしかに当時、取材現場にいた記者たちにしても、キツネにつままれたような、実にあっけない幕切れ

「鈴木善幸政権」誕生直前の田中六助衆院議員＝1980年7月11日

だった。

80年7月17日、党内融和をめざす「和の政治」の鈴木内閣がスタートした。

ただ鈴木自身は不安で仕方がなかったようだ。宏池会事務局長の木村貢の著書を再び引用すると、鈴木総裁になる方向がほぼ固まった日のちょっと前、旧知の派閥担当記者が宏池会の事務所を訪ねると鈴木は「あんたにも長いことお世話になったが、結局、大平君のあとはぼくがやるしかなくなった」と声をかけた。

記者が「おめでとうございますという前に、ご苦労さまですというしかないですね」と答えると、鈴木は「あんたも助けてくれよ」と言って、テーブルの下に置いた手が震えていた。あの肝っ玉の太い善幸さんの手が震えている——。そこで記者は鈴木の手を握り締めて「鈴木さんまで倒れたらいけないので、なるべく党内融和でやってくださいよ」というと、鈴木は「ありがと、ありがと」と言いながら涙がこぼれそうな顔をしていたという。

78年の総裁予備選からはじまり、40日抗争、大平内閣不信任案の可決、衆院解散・衆参同日選、大平の死と続いてきた主流・反主流による党内抗争、その対立から融和へのギアチェンジに動いたのが鈴木だった。

財政再建の前に行政改革

鈴木政治のもうひとつの柱は「大平政治の継承」だった。一般消費税の導入に失敗したものの財政再建が主要テーマであるのは変わりはなかった。財政再建の前には、先ず隗より始めよで行政改革を進めなければならないというのは、大平時代からの宿題でもあった。

組閣にあたり鈴木は行革を担当する行政管理庁（総務省に統合）の長官に中曽根康弘を起用した。中曽根自身は蔵相ポストを希望したものの、経済企画庁長官に充てた河本敏夫とのバランスで行管庁長官におちついた。そこから第二次臨時行政調査会（第二臨調）の発足になっていく。当時の様子が伝わってくる記事（80年8月29、30日付日経朝刊・拙稿）があるので、部分的に転載してみよう。

なぜ第二次臨調か

――鈴木善幸新内閣の発足を前にした7月中旬のある日、宇野宗佑行政管理庁長官はある行管庁幹部を呼んだ。

「中曽根さんが私の後任らしい。何か具体的な行革計画は出せるのか」

「宇野長官の時代にいろんな問題にひとわたり手をつけました。具体論で目玉になるものはどうでしょう。ちょっと難しいのでは……」

「そうだろうなあ。各論はなかなか出てこないだろう。どうだ、総論をやってみるのも手だろう。五十五年行革（いわゆる大平行革）は〝哲学がない〟〝理念がない〟と批判された。第二次臨時行政調査会を設置して、行革の体系作りに取り組むというのは中曽根さんに最もふさわしいのじゃあないかな」

「実は私もひそかにそう考えております。実力者の大臣がくれば、第二次臨調をと思っています」

「よし、わかった。中曽根さんに進言しよう」

中曽根派幹部である宇野前長官は中曽根康弘氏の行管庁長官への就任に最も消極的だった。特殊法人の統廃合、地方ブロック機関の整理などの行革計画をまとめていく過程で、各省庁の抵抗、政治家の反対などにあい、「行革の各論を推進していくことがいかに難しいか」をいやというほど思い知らされたからにほかならない。

そのうえ、世間の評価も「やればやったで〝数合わせ〟。計画がちょっと狂うと〝行革後退〟。あげくの果てが〝哲学がない〟。これじゃあ、殺生やないか」――宇野前長官はよくこぼしていた。

「大平行革」は鉄建公団事件、KDD（国際電電）事件などで沸騰した綱紀粛正の世論を背景に、短期間に〝数〟を出すことが必要だった。内閣の姿勢を示すためにも「肉を切り骨に達する行革」（故大平首相）を印象づけるためにも、もっぱら「質より量」に重点があった。その結果、各省庁一律の整理方式で百十一あった特殊法人のうち十八法人を統廃合し、地方ブロック機関の一割強にあたる三十五機関を整理する計画が生まれた。

どう実をもたらすか――財政貢献へ重い期待

――［80年］8月16日夕、神奈川県元箱根の箱根プリンスホテル324号室。鈴木善幸首相は机に向かい、財政再建に関する大蔵省の資料に熱心に目を通していた。机上には東京から持参してきた各省庁の書類がうず高く積まれている。そこへ堀内光雄行管政務次官（のちの第7代宏池会会長）が訪ねてきた。

「やあ元気かね。どうかね、行革計画作りは進んでいるかね」

「えぇ、中曽根長官を中心に内部の検討会を開いていろいろ相談しています。長官が事務当局に指示した10数項目をもとに話を詰めているところです」

「ところで、どんな内容になりそうなのかい」

「第二次臨時行政調査会を設置して、中長期的な哲学作りに取り組むのが柱ですね。そのほか許認可の整理とか、行政サービスの向上なども計画の中に入ってきそうです」

「うん、第二次臨調も結構だが、それは（ゴルフでいえば）だいぶ先のホールだな。その前に今のホールで、何かグリーンオンするものが欲しいなぁ」

鈴木首相の行革に対する認識は「まず役所の仕事を減らさねばならんと思っている。仕事を減らすことにより機構、人員も減らせる。行革は財政再建の一環である」（80年7月18日、首相就任の記者会見）というもの。そこで「民間でやり得る仕事は何も官僚でやることはない。民間に移していくことが必要だ」（同8月18日、日本記者クラブでの講演）と考える。

「鈴木行革」は仕事減らしを実現、財政再建の有力な手段として使う。「大平行革」が人減らしと器減らしを中心としたのとは違っていた。鈴木首相は「行革でそれなりの財政効果を期待している」（自民党行財政調査会幹部）とみられ、いわば〝実〟のある行革をめざしている。第二臨調を認めながら「もっと何かを」と求めたのはそのためだ。

第二臨調会長「メザシの土光さん」、誕生の瞬間

以上の記事から見えてくるように、第二臨調の設置は、そもそもは「ポスト大平」をダークホースの鈴木善幸に持っていかれ、しかもそのもとで不本意な行管庁長官という「軽い」ポストにつけられた中曽根を納得させるための政治的な道具だった。しかし政治というものはどう転がるか本当にわからないものだ。それにきちんと取り組んだことが、後述するように鈴木の後継指名につながり、首相への道をひらいたわけだから。

ただ鈴木にとって行革はあくまでも財政再建のための手段だった。首相就任当初からそれは変わらなかった。財政再建への道筋をつけることが鈴木の目的だった。

「ちょっと残ってくれないか」――80年９月８日、いつもの政府・自民党首脳会議がおわっ

たところで、鈴木は二階堂進幹事長ら党三役、渡辺美智雄蔵相、宮沢官房長官に声をかけた。

「来年度の予算編成は容易ならざる事態なので、国債を2兆円程度、減額したい。政府・党が一体となって歳出の削減を進めたい。予算の年内編成をぜひやりたい。よろしくお願いしたい」と求めた。

翌9日の閣議では「財政再建は内閣の最重要課題であり、60年度には特例債（赤字国債）の発行から脱却したい」と言明した。のちに命取りになる59年度赤字国債依存体質からの脱却がここで政治公約になった。

昭和60年度（1985年度）から赤字国債の償還がはじまる。それまでには毎年2兆円程度は赤字国債の発行を減額し、59年度には赤字国債の発行をゼロにしようという考えだった。

そのためにも行革を進めなければならない。秋の臨時国会に第二臨調設置法案を提出、成立させた。だれを会長にするのかが臨調のゆくえを占ううえでもポイントだった。

81年（昭和56年）元日。宮中参賀のため皇居梅の間で天皇陛下を待って列立しているとき、中曽根がとなりの鈴木の耳元でささやいた（中曽根『天地有情』339頁）。
中曽根「第二臨調の会長、誰にしますかね」
鈴木「いい人いますか」
中曽根「土光さんはどうですか？」
鈴木「うん、あの人なら据わりいいですね」
土光敏夫・経団連名誉会長に会長を要請することが決まった。これが当たりだった。土光にスポットライトをあてたNHK番組が、メザシをおかずに夕食をとる質素な生活ぶりを放送。「メザシの土光さん」のイメージが定着、第二臨調はのちに「土光臨調」とよばれるようになる。

行財政のギアチェンジをめざすが挫折

81年3月16日、第二臨調が発足した。鈴木は首相官邸で開いた初会合で、準備したあいさつ文を手に「財政再建の見地から、行財政の立て直しを図ることは現下の急務である」と読み上げたうえで「政府は調査会の意見は最大限に尊重し、あらゆる努力を傾注して実現を図

臨時行政調査会初会合で鈴木首相（中央）にあいさつする土光会長。
左は中曽根行管庁長官＝首相官邸

ることを約束する」と言い切った。

土光も「首相は調査会の意思を単に尊重するというのではなく、勇断をもって必ず実行してもらいたい。何といっても行政改革の断行は首相の決意にかかっている」と強い口調で答申の実行を求めた。日本版「小さな政府」づくりへの号砲が鳴った。

2日後の18日、日本商工会議所の総会に出席した鈴木は「政治生命をかけて行政改革を断行する」とあいさつ、〝政治生命〟という最大級の表現で行革に取り組む決意を明らかにした。鈴木は退路を断った。

政治家にとって言葉は命である。いちど踏み込むと、もはや後もどりできない。どんどんエスカレートしていく。自ら発した言葉によって、しばられてしまうのはよくあることだ。鈴木もその例に、もれなかった。

81年6月6日、鈴木内閣にとって初の通常国会が閉幕した。前年の同日選の勝利によって自民党が衆参両院で安定多数を確保しており、政府予算案は修正なしで年度内に成立、法案も順調に成立した。国会が閉会すると内閣記者会と会見するのが恒例となっている。そこで「政治生命」につづく発言が飛び出した。

「行革は鈴木内閣の重要な政治課題であるばかりでなく、いまや国民的課題だ。全身全霊を傾け最大の努力をし、国民の期待にこたえたい」

こんどは「全身全霊」である。後述する、伊東正義外相の辞任につながる日米首脳会談をめぐる失態を、内政で取り戻したいという思いがにじんでいた。

81年9月28日、臨時国会が召集され、鈴木は衆参両院本会議場での所信表明演説にのぞんだ。ここでの発言に苦しめられるとは、本人はもちろん周辺も予想だにしなかった。その発言とは冒頭に示した次のように、昭和59年度（84年度）に赤字国債の発行をゼロにする目標を所信表明演説で明らかにしたものだった。

「国債の減額、とりわけ特例公債からの脱却は、財政再建の中核であります。政府は、昭和59年度にこれを実現することを目標に前進する決意であります」

ところが経済環境が悪かった。第2次石油危機の影響で景気が悪化、税収が予想を超える落ち込みとなった。56年度（81年度）の当初予算の赤字国債の発行額は、前年度より2兆円減らして5兆4850億円にしたものの、最終的には想定を上回る5兆8600億円になった。57年度（82年度）も当初見込みの3兆9240億円が、実績ベースでは7兆87億円にふくらんだ。3兆円も増えてしまった。

赤字国債依存体質からの脱却どころではなくなった。経済見通しを誤ったこともあるが、一般消費税導入での大平正芳の鉄建公団事件にも似て、経済という外部要因で身動きがとれなくなった。不運だった。

しかも生真面目な性格の鈴木。適当にかわし、うやむやにすることを潔しとはしない面もあった。

82年1月25日に再開した通常国会の施政方針演説では、59年度赤字国債依存体質からの脱却の目標の旗をかかげるのをやめた。野党は当然、執拗に追及した。

2月3日の衆院予算委員会で、自ら落とし穴に、はまりこんでいくような答弁をしてしまう。

藤田高敏（社会党）「鈴木内閣の財政再建計画に重大な支障を与えるような見通しのそごを来した場合の政治責任の問題はどうですか」

渡辺美智雄蔵相「結論が出てから、私がしかるべき責任をとります」

藤田「鈴木内閣の公約にも重大な影響が出てくるわけですが、そのときはどうでしょうか」

鈴木「財政再建は必ずやります。それに対しては、私は政治責任を、やれない場合はとります」

82年夏になると、政治責任はことばだけではなくなった。同年度の歳入欠陥は6兆円から7兆円にのぼると見込まれ、赤字国債依存体質からの脱却目標などとても実現できないことがだれの目にも明らかになった。渡辺蔵相は国会答弁どおりに鈴木に政治責任をとって辞任したいと伝え、慰留された。

9月になると財政非常事態宣言を発し、国家公務員給与に関する人事院勧告（4・5%

アップ）を1年間、凍結する方針まで明らかにした。かつてないことだった。

10月に退陣表明となるわけだが、政権の行き詰まりのひとつの理由はこのように赤字国債依存体質からの脱却という目標を実現できなくなったことにあった。大平の遺志を継ぎ、第二臨調というあらたな政治的装置もつくって、高度成長から低成長下での行財政のギアチェンジをめざしたものの、あえなく挫折したといって良いだろう。

日米の「同盟関係」をめぐる混乱

その間のできごとで触れておかなければならないのは、首相就任の翌年81年5月7、8日の訪米時のつまずきだ。日米共同声明にあった、ひとつのことばで混乱、政権がぐらついたからだ。

「総理大臣と大統領は、日米両国の同盟関係は、民主主義及び自由主義が共有する価値の上に築かれていることを認め、両国間の連帯、友好及び相互信頼を再確認した」（第1項）

共同声明に「同盟関係」という表現が用いられたのは、はじめてだった。首脳会談がおわったあとの記者会見では、この点に質問が集中した。鈴木は「同盟は軍事的意味合いを持つものではない」と何度も否定した。

ところが鈴木が訪米から帰国した日、外務次官の高島益郎が外務省記者クラブ（霞クラブ）との懇談で「共同声明の中にある〝同盟関係〟に軍事的な関係、安全保障問題を含まないというのはナンセンスだ」と真っ向から打ち消す発言をした。翌日の新聞は朝刊で「外務省首脳※、首相発言はナンセンス」と一斉に報じた。

※記者クラブと取材先（外務省）の間では、発言者名を明らかにしテレビカメラも入れる記者会見のほか、発言者名は明示せず同省の首脳や幹部といったかたちで報じることを認めているオンザレコードの記者懇談がある。外相、外務次官の場合、ニュースが出てくれば「外務省首脳」談として報じる。これ以外にオフレコの懇談もあるが、報じない約束で取材に応じるものだ。

これを見た鈴木は激怒した。首相番記者に「外務省首脳とはだれだ！」――。

しかし同じ鈴木派の伊東正義外相は自民党の外交関係の合同会議で、同盟について「日米安保条約もあり、軍事同盟も含まれていることは当然だ」と説明した。鈴木と外務省の見解の食い違いが明らかになった。

5月13日、宮沢喜一官房長官は「日米安保条約が存在するという点では軍事的な意味も含むが、新たな軍事的な意味を付加したものではない」とあいだを取り持つ統一見解をまとめたが、伊東は鈴木に辞表を提出、外相の座をさった。

この間の経緯について鈴木は2000年ごろのインタビューで「日米同盟が集団的自衛権を約束したのではないか、そうだとすれば憲法逸脱であり、大きな政治問題ではないかとの意味を込めての質問だったので、集団的自衛権を約束する意味は断じて含まれていないことを端的に強調したかったので『軍事的な意味は全く含まれていない』と答えた」と述べている（『元首相鈴木善幸回顧録』100頁）。

憲法と集団的自衛権の行使については、81年5月29日、社会党の稲葉誠一の質問に対する政府答弁書で「憲法第九条の下において許容されている自衛権の行使は、我が国を防衛するため必要最小限度の範囲にとどまるべきものであると解しており、集団的自衛権を行使することは憲法上許されないと考えている」と回答、これがその後の政府統一見解となる。

当時しばしばいわれたのは「善幸さんは最初、社会党で当選した人。社会党のしっぽが見えたのが同盟発言ではないか」という見方だ。それもあながち否定できないだろう。

ただあとあとまでも外務官僚に対する鈴木の怒りは消えていない。回顧録でもなお憤懣やるかたない様子だ（同102頁）。

「大切な話をしているのに（二日目の首脳会談を待たずに）一日目の首脳会談が終わった段階で日米共同声明案を（同行記者団に）配布している。だから私はそれに憤慨したんだよ。首脳会談は事前に出来ている、単なる形式ですよといわんばかりだった。私は心の奥底で何だこの人たち（外務官僚）となった」

伊東外相辞任の背景には人間関係のあやもあった。大平と一体だった伊東と、大平なきあとを継いだ鈴木。とくに伊東の側にすっきりしない感情が横たわっていたのは事実だ。しかし日米同盟の解釈をめぐるゴタゴタで、鈴木の外交・安全保障についての認識に疑問符がつき、次第に岸信介らが鈴木に厳しくなっていった原因となったのは見逃せない。

「宮沢君には苦労をかけるねぇ」の意味

そしていよいよ政権のおわりをむかえる。

1982年10月11日、体育の日の振り替え休日の月曜午後。東京・経堂の鈴木の私邸に派閥の幹部が集まった。総裁選の告示は週末の16日。その直前の招集に斎藤邦吉、小山長規（建設相）、金子岩三（農相）はてっきり再選出馬に向けた準備の話し合いだと思った。

そこでのやりとりを再現した記事（拙稿）をみるとその雰囲気が伝わってくる（10月12日付日経朝刊）――。

鈴木首相（水割りグラスを片手に）「休みのところご苦労様。ところで岸さん、福田さんはどんな態度かね」

田中六助政調会長「最近、岸さんに会ったけど、岸さんは福田さんに自分の派閥を譲ったと思っている。そろそろ福田さんも安倍ちゃん（晋太郎通産相）に派を譲るべきだと考えている。8日の福田派の会合で岸さんは首相の進退を問うと言っているが、直接会って話をした限りではそんな感じではなかった」

首相「福田さんの感触はどうだろう」

小山長規氏「福田とは7日会い、昨晩（10日）も電話で話したが、正直なところハラがはっきりつかめない。しかし突き詰めると目白（田中角栄元首相）がどこへでも出かけて、いろいろブッている。これが慎みがないということになるんじゃあないのかな」
首相「そんなことを私に言っても仕方がない。私は注意している。最近は（田中元首相に）電話もしていない。田中派はどうか」
斎藤邦吉氏「小沢辰男氏（元厚相、注・田中元首相側近）から『宏池会の中に宮沢幹事長という人がいるが、どんな意味か』と文句をつけられた。変に誤解されたら困るのでお互い発言には気をつけよう」
このあと各派閥の情勢を分析して、主流、非主流派の票読み。宮沢官房長官が中間派・無派閥議員の感触を述べ、つづいて斎藤氏がノートを広げて一人一人名前をあげながら非主流派の働きかけ具合などを詳細に報告する。
斎藤氏「要するに非主流派は国会議員の三分の一にあたる１４０人は確保しているが、（総裁）予備選にするための３人の候補者を立てるのに必要な１５０人には届かない、とみていいだろう。従って予備選にはならない」
――などといったやりとりをしたあとで、突然、首相は「宮沢君には苦労をかけるねぇ」と一言、と記事にある。

この最後の一言が翌12日の退陣表明を予告したものだった。斎藤、小山、金子はそのことを気づかなかった。彼らから話を聞いて記事をまとめた記者ももちろんわからなかった。ただ妙な一言だと思いつつ付記した。

もっとも鈴木の「重大な決意」をうすうす感じていた宮沢はわかった。さまざまなルートで情報を入手していた田中六助は察知していた。宮沢も田中もその場で直接、確かめることもなく、それぞれの思いを秘めて幹部会合は終わった。

そして翌12日午後、官邸に二階堂幹事長ら党4役を呼んで、総裁選不出馬を伝えた。突然の退陣表明だった。

「権力が求めた政治家」の退陣

ではいつ辞める意向を固めたのか。「退陣の気持ちを固めたのは57年（82年）の夏ごろだったように思う。総理就任後初のお国入りで岩手に帰った9月4日の時点では再任を辞退する決意はしていた」と鈴木は回顧録で明らかにしている。

その理由として、総裁再選をめざすことで40日抗争のような党内抗争が再燃するのを避けるねらいで、「和の政治」の信念を貫いたつもりだと語っている。「足かけ3年も総理総裁をやると、次をねらう人たちの我慢も限界になり、またぞろ政治的な野心が頭をもたげて来る動きが見えてきた。党内抗争は何としても避けなければならないと思って身を引いた」

これを額面通り受けとるかどうかは別にして「次をねらう人」に退陣の意向をあらかじめ伝えていたのはたしかだ。

『天地有情』（349頁以下）に載せている中曽根の日記によると、10月5日の閣議の前、20分間鈴木に会う。行革の説明だった。それがおわったところで鈴木が切り出した――。

鈴木「自分は今の心境でこれ以上やる気はない。難問山積の折り、あえて世評の悪い中に乗り出す愚かさはない。次は君がやってくれ。君以外に人はいない。よく助けてくれたことに感謝している。私も協力する。鈴木派にも話していないので、これから説得せねばならない。ついては田中君が大切だ。その面もぬかりなくやっておいてくれ」

中曽根「総理は未だ元気であるし、力もある。3派（注・鈴木、田中、中曽根3派）でやれないことはない。さらに頑張ったら」

鈴木「私は私の限度を知っているし、自分は決心している」
中曽根「しからばその心構えで行きましょう。田中氏とは先般会って意思は通じている。大丈夫と思う」——

これには前段がある。回顧録（『天地有情』）によると、中曽根は前日（4日）夜、東京・紀尾井町にあった料理屋「ふくでん」で田中六助と会っている。そこで田中から、鈴木は総裁選に出馬しないという情報を得ている。

田中はその前日（3日）、私邸で鈴木に会っている。そこで「鈴木再選で走り回る」と言ってきた田中に、あとでウソをついたことになるのは困ると思った鈴木は「それはやめてくれ」と伝えた。それで勘の良い田中はピーンと来た。鈴木総裁誕生劇のときと同じように、こんどは中曽根のもとに走った。

鈴木自身は退陣表明の12日朝まで宮沢にも、田中角栄にも知らせなかったのは事実のようだ。「薄々感じていたかもしれないが、家内（さち夫人）にも一切話したことはない」というが、「薄々感じていた」のはまちがいない。

9月26日、鈴木は日中国交正常化10周年の記念式典に出席するため訪中した。同行したさち夫人は出発の朝、次のような俳句をよんだ。

「おんな髭(ひげ) 剃りて旅立つ 萩の朝」

同行記者団は俳句の真意を読み取れなかったが、女性ですらカミソリをあて身を清めて旅に出るということで退陣をそれとなくほのめかしたものだったと夫人は後で解説していた。

鈴木がかかげた「和の政治」は、対立から融和への党内のギアチェンジだったのは繰り返し述べたとおりだが、確実視されながらも総裁再選不出馬により退陣することで本人の政治美学が完結したということだろう。

鈴木の首相退陣後、マンスフィールド駐日米大使が色紙を送り、労をねぎらった。

「政治家というものは権力を求めるものである。しかしまれに権力の方がひとりの政治家を求めることがある。鈴木氏はまさにそのような人であった。歴史はあなたのことをそう記録するでしょう」

――鈴木元首相、次へのつなぎ「和の政治」――突然の退陣、今も謎(評伝)

2004年7月20日 日本経済新聞 朝刊

はじまりが突然なら、おわりも突然だった。自民党内を真っ二つに割った四十日抗争、そして大平正芳首相の急死のあと、急きょ浮上した鈴木善幸首相。退陣表明も総裁再選が確実視されていただけに、驚きをもって受け止められた。かかげた旗印は「和の政治」。戦後政治の流れの中では、大平政権から次の中曽根政権への文字通り、つなぎの政権だった。

五五年体制後期の七九年から八〇年にかけて、自民党内は大荒れに荒れていた。一部の反乱で大平内閣不信任決議が可決、ハプニング解散により衆参同日選となった。その最中に急逝した大平氏への同情票もあり、大勝した自民党は「ポスト大平」で融和の道を探った。

舞台回しに動き、あっと言う間に流れを決めたのは、田中六助氏だった。田中角栄、岸信介、福田赳夫、中曽根康弘の各氏らを回って鈴木総裁の了解を取りつけた。

田中六助氏が「みなさん、スズキでよいと言っているので、これで決まりですよ」と鈴木氏に伝えると、「六さん、スズキとは誰のことだい？」とたずねた、という。本人は否定していたが、それをほうふつとさせるようなやりとりがあったのは事実らしい。

海外からは「ゼンコー　ＷＨＯ？」と言われたものだ。前尾繁三郎氏が「幕が開かないうちに芝居がおわった」と語ったのも有名な話だ。おん念への反省と、派閥抗争へのえん戦気分が党内に満ちていた。

東京・経堂の鈴木邸は「カラカラ亭」と呼ばれた。自らウイスキー（ジョニ赤）の水割りをつくってくれる。グラスをふると、中の氷がカラカラと音をたてる。それがあいさつがわりだったことから、この名がついた。

総裁の座がみえたあと、そのカラカラ亭でしばしば口にしたのが「ぼくはねぇ、総務会長十期だよ」というせりふだった。

当時の総務会といえば、うるさ型がずらりと顔をそろえ、ちょっとでも異論があろうものなら、全員一致の原則を盾に、待ったをかける党内の関所だった。そこを十期にわたって切り盛りしてきたわけで、党内調整には自信満々だった。

「和の政治」「全員野球」のスローガンは、鈴木氏の政治家人生そのものだった。

鈴木政治で評価されるのは、行政改革への取り組みである。土光敏夫氏を会長に第二臨調を発足させ「赤字国債からの脱却」と「増税なき財政再建」を公約にかかげて、「政治生命をかける」とまで言い切った。臨調行革は中曽根政権で成果をあげた。

失態を演じたのは外交だ。八一年の日米首脳会談での「日米共同声明」の同盟（alliance）の表現をめぐり、「軍事的な意味合いは全くない」とする鈴木首相と、「首相発言はナンセンス」と反発する外務省首脳（高島益郎外務次官）が対立、伊東正義外相の辞任に発展した。首相の限界が明らかになった。

こうした混乱が岸氏らが鈴木批判を強める結果となり、翌八二年の総裁選での出馬辞退につながったとみられる。

退陣の真相は何なのか――。次の中曽根内閣が角影内閣、田中曽根内閣といわれるような布陣だったことから、田中角栄氏にそうした人事を促されて嫌気がさした、という見方がある。首相を辞めたあと、鈴木氏がカラカラ亭で「角さんは、もう一度、総理を狙っているよ」とポツリと漏らしたのを聞いたことがある。

きっと何かがあったに違いない。今もって「ゼンコー　ＷＨＹ?」である。

（政治部長　芹川洋一）

▶鈴木善幸　略歴

1911年	岩手県山田町に生まれる
35年	農林省水産講習所（現・東京海洋大学）卒業、大日本水産会に就職
47年	社会党から衆院初当選
48年	民主自由党に入党
60年	第1次池田内閣・郵政相
64年	第3次池田内閣・官房長官
65年	第1次佐藤内閣・厚相
68年	自民党総務会長（以後、通算10期）
80年	首相
82年	退任
2004年	死去、93歳

▼参考文献

土師二三生『田中六助・全人像』（行政問題研究所１９８２年）
宇治敏彦『鈴木政権・八六三日』（行政問題研究所１９８３年）
中曽根康弘『天地有情』（文藝春秋１９９６年）
東根千万億『等しからざるを憂える　元首相鈴木善幸回顧録』（岩手日報社２００４年）
木村貢『総理の品格』（徳間書店２００６年）

コラム②

宏池会の「後継者争い」

1991年11月5日の政権発足で、宮沢喜一が加藤紘一の官房長官への起用を決めたことで、派内から加藤より当選回数が上のベテラン組を中心に不満が噴き出した。宏池会で宮沢の「次」をにらんだ動きでもあった。河野洋平を推す面々だった。

その後も加藤・河野両グループのあつれきがつづき、98年に加藤が宮沢に次ぐ第6代の宏池会会長になると、河野は大勇会を結成、たもとをわかった。メンバーは10数人で、そのなかに麻生太郎もいた。それが現在の麻生派（志公会）につながる。

そんな流れを予測し、当時の宮沢宏池会の様子が見えてくるインタビュー記事があるので、紹介したい。

語っているのは、池田勇人の首相秘書官や宏池会事務局長をつとめ『池田勇人とその時代』『自民党戦国史』などの著者としても知られた伊藤昌哉である。

91年11月11日にインタビューして、17日付の日経朝刊に掲載した。

――四人の首相を出した宏池会の強さは何ですか。

宏池会には池田（勇人故元首相）の人柄に引かれて優秀な官僚出身者が集まり、良心的な人が多かった。池田の持っている積極性もあって、戦闘集団だった。今の竹下派のように宏池会が最初に行動の指針を示すような集団だったんですよ。

――それが公家集団と呼ばれるようになりますが、転機はいつですか。

それは前尾（繁三郎故元衆院議長）だね。宏池会の家風が形成されないうちに池田から前尾に代わった。前尾は佐藤（栄作故元首相）に戦いを挑まなかった。そして大平（正芳故元首相）も、最後は乳離れするんだが、田中（角栄元首相）との関係は受け身だったね。その後の鈴木（善幸元首相）も田中指名で首相になった。

――宏池会が戦後保守政治に果たした役割は。

経済合理性を政治の中に取り入れたという点では大変な功績があったと思います。政治の近代化でも大きな役割を果たした。官僚が人材供給の宝庫で、官僚と政界との結び付きを深めたのもそうです。泥臭くないインテリ集団ですね。

――三十四年間もひとつの派閥としてよく続きましたね。

派閥ではなく、議員クラブになったんだ。かつての池田派はもうありません。前尾の時から派閥ではなくなった。大平、鈴木の時にすっかり田中の下請けになった。その時から名前だけの宏池会になった。ただ財界はそうは思っていない。だから資金源は続いた。大平の後の緩んでしまった状態のままずっと来ている。求心力のないままに来たんだ。宮沢（喜一首相）が表の顔だが、鈴木善幸、斎藤邦吉が人事権を握る二重支配でね。

――それにしても宮沢政権はよくできましたね。

拾った政権というのかね。一つは解散権がないんですね。もう一つは人事権がない。これは政権じゃあないです。非常に弱体で危険だと思う。たった一つそうでない道があるとすれば、派閥の再編成に絡んで、三塚派、渡辺派と団結することだろう。竹下派包囲網を形成する。内閣でいえば首相、外相（渡辺美智雄）、自治相（塩川正十郎＝前三塚派代表世話人）の三人の結集ができれば新しい宮沢政権になる。しかしこれには度胸がいるな。

――宮沢新体制の人事をめぐって派内が揺れていたようですが、現状をどう見ますか。

加藤紘一（官房長官）は小沢（一郎・竹下派会長代行）を見てるんじゃあないかな。河野洋平はお父さん（一郎故元農相）ほどの迫力はないから、長老連中が可愛がり始めた。完全な二分状態だな。議員クラブの中でかたまりが二つ出来つつある。分裂の方向だ。しかし分裂する迫力もないだろう。結婚しながら離婚している状態だね。

――確かにベテラン議員には加藤批判が強いようですね。

本流になれない連中は加藤がいるから面白くない。相続争いが始まっているんだね。それをとりさばく力が宮沢にあるのかどうか。政策能力はあるが、統治能力はないんじゃあないか。

――宏池会もそろそろ寿命ですか。

中選挙区制で立候補し当選するためには派閥はなくならないでしょう。しかしカネの面で行き詰まって来るだろう。官房長官になれば次の宏池会の会長というのが暗黙のルールなんだが、加藤が会長になる時、もう宏池会はありません。ただ宏池会を割るだけのエネルギーはないから、議員クラブとしては残りますが、弱い弱い集団になってしまう。

第4章

宮沢政権

国際貢献と竹下派抗争に苦闘した644日

宮沢喜一首相

▼第122回国会1991年（平成3年）11月8日　所信表明演説

「国際社会は今、激動のさなかにあります。世の中ではこれを「冷戦後の時代」と呼んでおります。事態は流動的ではありますが、私はこれを**新しい世界平和の秩序を構築する時代の始まり**と認識したいと思います」

「我が国は湾岸危機に際しては、異例ともいうべき思い切った財政的貢献をいたしました。今後とも、世界平和秩序の構築に当たって、我々の国際的役割は増大すると考えておかなければなりません。そのために我が国がなし得る人的貢献については、前国会で御審議いただいた、いわゆる**PKO法案をできるだけ速やかに成立**させていただきたいと思います」

「私は、前総理の志を継いで、**真摯に政治改革に取り組んでいく決意**であります。どのように選挙や政治に金がかからないようにするか、どのように金の流れを透明にするか、そして選挙区制をどのようにするかなど、政府がさきの国会に提案したところを出発点に、それをたたき台として、各党間の協議会で御論議を深めていただきたいと思います。……おおむね一年をめどに具体的な結論が得られるよう念願いたしております」

外交・内政のギアチェンジ——宏池会路線の転換を迫られる皮肉

第4章は宮沢喜一の物語である。冷戦の時代がおわり、まさに歴史の転換期だった。彼もまた日本外交・内政のギアチェンジに挑んだ。ＰＫＯ（国連平和維持活動）協力法によって、ひとつは曲がりなりにもかたちをつけた。もうひとつの方はさんざんだった。政治改革に失敗、政権の座から降りざるをえなくなった。

55年の保守合同から38年間つづいてきた自民党長期政権の最終ランナーになってしまった。米ソ冷戦構造の国内版である55年体制が、保守本流の継承者だった宮沢でおわったのも歴史の皮肉だった。

宮沢政権を語るには、どうしてもその前の海部俊樹政権からはじめるしかない。宮沢が取り組まざるをえなかったＰＫＯにしても政治改革にしても海部からの積み残し案件だったからだ。

1989年ベルリンの壁が崩壊、冷戦が終結したあとに世界をゆるがしたのは1990年8月におきた湾岸危機だった。イラクがクウェートに侵攻、翌91年1月に米国は多国籍軍を編成してイラクを攻撃、湾岸戦争に発展した。

米国は「目に見える貢献を。ショー・ザ・フラッグ」と多国籍軍への自衛隊の派遣を求めた。海部内閣は対応に苦慮する。日米安保体制のもと、専守防衛を旨とする自衛隊を海外に派遣することは想定していない。

そこで政府は自衛官を平和協力隊との「併任」というかたちで派遣して、武器や弾薬の輸送などの協力を可能にする国連平和協力法案を90年10月国会に提出する。しかし準備不足で法案の詰めの甘さを露呈した。答弁は混乱に混乱をかさね、衆院段階で11月には審議未了・廃案になってしまう。

人的貢献ができないまま、日本はカネで米側の理解を得ようとする。次から次へと、総額で130億ドルもの支援を多国籍軍にする結果となる。そしてどこからも感謝されないという結末にいたる。

冷戦下では米ソ対立を受け、米国からの防衛力強化の求めに応じる姿勢は示してきた。中曽根康弘内閣で、76年三木武夫内閣で決定した防衛費のGNP（国民総生産）比1％枠を撤廃した。それはあくまでも米国への防衛協力ということで日本という自分の国だけを見たものだった。ある意味で一国平和主義的な内向きの考え方だった。

湾岸危機・湾岸戦争で米国が促してきたのは、外に向かっても、人を含めて国際的な貢献をすべきだというものだった。1968年に当時の西ドイツを抜いて日本は世界第2の経済大国になった。80年代には日米の貿易摩擦が激化、90年ごろ日本は米国に迫らんとする勢いだった。

そんな中で米側から出てきていた安保ただ乗り論の延長線上だった。日本は戦後一貫して米国の軍事力に守られ、本来防衛にかけるべきカネを経済発展に回して成長してきた。それはあまりに自分勝手ではないか、日本も応分の負担をしろと米議会を中心に声高に主張されるようになっていた。

思えば、安保ただ乗りこそは、吉田茂から池田勇人の宏池会が進めてきた軽武装・経済重視の路線そのものだ。そのねらいどおりに戦後復興をやりとげ、経済的な豊かさを実現したのだった。

湾岸戦争で突きつけられたのは、そんな宏池会路線のギアチェンジだった。これも皮肉なことに宮沢にそのお鉢が回ってきた。

憲法の枠内で自衛隊を海外に派遣して、人的な面でも国際的な貢献をするにはどうするかという問題だ。海部内閣当時、90年の国連平和協力法案の失敗をふまえ、参院での与野党逆転状況もにらんで小沢一郎幹事長が主導して自民、公明、民社3党で、自衛隊派遣を柱とするＰＫＯ協力法のとりまとめに動いた。91年9月には国会に法案を提出していた。11月の宮沢内閣発足の直前である。海部退陣でその処理が宮沢の最初の仕事となった。

「（ＰＫＯ）法案に積極的だった」護憲派の旗手

今ではほとんど抵抗ないが、ＰＫＯであっても当時、自衛隊の海外派遣は安保政策の大転換だった。

この問題は憲法9条と自衛隊をどう考えるかの一点に集約される。戦後日本でずっと（今なお）つづく安全保障論議の根っこの問題だ。有権者の票の獲得競争でしのぎを削る政治家にとっては、時の国民意識がなにより大事だ。だからそれは有権者意識の反映でもある。

まず海部がどう受けとめていたかである。亡くなる４年前の２０１８年４月、読売新聞のインタビューで次のように語っていた。

「国連平和協力法案に僕は初めから反対だった。問題は国民が（自衛隊派遣を）認めているかどうかだった。その時はまだ完全に認めているとは言えなかった。……国民が認めてくれないものを、いかに上手く説明しても、通らないよ。僕はそう思ったよな」

いかに後日談としても、法案を国会に提出し答弁に立っていた首相としてあり得ない発言だ。当時こうした政治家が国のトップにいたのは日本の不幸だった。

湾岸危機直後の90年の時点で自衛隊の海外派遣を容認する空気が広がっていたかというとたしかにそうではなかった。なお自衛隊違憲論が声高く主張されていた時代だ。社会党が自衛隊を合憲と認めるのは94年、自民・社会・新党さきがけ３党連立の村山富市内閣が誕生してからである。

では、池田宏池会からのメンバーで護憲派の旗手とみられていた宮沢はどうだったのか。

本人が『私の履歴書』で「『宮沢はＰＫＯに不熱心』と誤解する向きもあったが、私はこの法案に積極的だった」と、はからずも前段に書いているように自衛隊の海外派遣で消極派と受けとめられていたのは事実だ。自衛隊派遣に積極的だった中曽根康弘や小沢一郎らと宮沢は一線を画しハト派、護憲派とみられていたからだ。国会質疑でも野党議員から「首相はこの法案が本当は嫌なのではないか」と追及される場面もあったほどだ。

後段の「法案に積極的だった」という理由は、国際情勢の変化に対応しながら、むしろ憲法を守っていこうとする、以下のような宮沢らしい考え方にもとづくものだった（『新・護憲宣言』126〜127頁）。

「ＰＫＯ法は私が総理大臣として推進しましたが、わが国が憲法上これ以上のことはできないということを明確にするためには、ここまでならできる、ということをはっきりさせなければならないだろう、そういう考えからこの法律の成立を図ったのでした」

「この法律は憲法のもとでわが国ができるほぼ限界に近いと考えますが、法律の基本になっている原則は『国連の統括のもとに行われる行動への参加』であること、およびそうした行動であってもわが国は武力行使をすることはできない、ということの2点にあると思います」

ＰＫＯ協力法によって自衛隊の海外派遣を認めて人的貢献の道を開き外からの圧力をかわ

す。あわせて国内的には改憲の方向に進まないよう歯止めをかける。そんな宮沢の思いがこめられていたようだ。本書の流れからは、リアリズムによるギアチェンジの真骨頂がここにあるともいえる。たとえ無節操、状況追随と批判されようともである。

四角四面の憲法9条解釈を嫌う理由

ここで憲法9条についての宮沢の考え方をみておこう。中曽根康弘との対談（『対論 改憲・護憲』）でかみくだいて語っている（99〜100頁）。

「憲法9条っていうのは、外国で武力行使をしてはいけないと、それだけが禁じられていることで、それ以外には何も禁じられていない。急迫不正な事態の下での自衛のためであれば、外国で武力行使する以外のことは何をしてもいいと私はいっているわけです」

「アメリカが日本の国益を守るために攻撃を受けるなら、その地域で我々がそれを助けに行くのは当たり前のことで、アメリカのためではない。少しもそうではない。日本の自衛のためでしょ。ですから、そういう意味では集団的自衛権という議論は詰めていくと、自分のために何をするかということに尽きてしまって、こうしてくれたから相手もこうしなければならんというのとは、違う話なんですね」

こうした考え方から多国籍軍への自衛隊派遣は違憲となり不可能で、ＰＫＯという国連の活動への参加は可能となる。集団的自衛権をめぐる議論でも、たとえば自衛隊と米海軍が一緒に行動しているときに米軍の軍艦がやられた、それを日本が助けると、これは集団的自衛権の行使にあるから違憲だといった解釈は「学者ばか」と宮沢らしくない表現で非難していた。四角四面の解釈によって改憲論にはずみがつくのを嫌った。

権力闘争の場で力が発揮できない宏池会

ＰＫＯ協力法にしても憲法９条の解釈にしても、理屈はわかった。現実政治はそれをどう実現していくかだ。与野党の政治的な思惑がふくざつに絡みあった国会という権力闘争の場でそれをいかにうまく処理していくのか。そこが政治家としての勝負であり、腕の見せどころである。

ところが宮沢を筆頭に宏池会という集団はこれがからっきしダメだった。国会対策委員長に宮沢派の増岡博之を充てた。海部内閣時代に辣腕をふるった竹下派の梶山静六に代わっての起用だった。国対を宮沢派が自前でやることを意味した。野党とのパイプ、国対委員長としての手腕は比べようもなかった。

特別委員会での法案審議では小沢がつくっていた自公民の枠組みができていたにもかかわらず、民社党内のゴタゴタもあって混乱のうちの採決となった。

91年11月27日午後5時半すぎ。自民党の船田元が質問をおえると、「委員長ッ！　質疑打ち切り……」――特別委理事の大島理森（のちに衆院議長）が動議を提案。すると、与野党議員約１００人が委員長席にどっと押し寄せ、このあとの議事進行は怒号でかき消された。与野党議員が胸ぐらをつかみ合い、委員長席のマイクは引きちぎられ、委員長を守る衛視の帽子が投げつけられた。

委員長の林義郎（林芳正の父）は衛視と自民党議員に守られながら委員長席から委員会室の出入口の方へ移動、くしゃくしゃになった紙を読み上げて修正案可決を宣言した。その声は怒号で聞こえない。たびたび繰り返されてきた強行採決のパターンだった。

特別委員会の補充質問をへて衆院本会議で可決、参院に送られたものの、こんどは同じ宮沢派から参院の特別委員長に就いていた後藤正夫が突然、辞任。参院審議も進まないまま

PKO協力法案は継続審議となってしまった。目をおおわんばかりだった。宏池会の弱さを見せつけたものだった。

宮沢自身、率直にこのときのことを語っている（岩波回顧録297頁）。

「加藤紘一官房長官も国対委員長も委員会の委員長も、一生懸命いろいろな接触をしたりしていますが、そのことが組織的に総理大臣のところにちゃんと報告されていないといいますか、報告するだけの余裕がない。……総理大臣は蚊帳の外にいて、この法律の処理をするようなことになった。そのとき私は、なるほど不慣れというのはこういうことなのだな、とつくづく感じました」

「私はしばらくあとで、梶山さんを口説いて国対委員長に替わってもらったりしたこともあったんです（92年1月17日）。このへんで私は初めて、公家集団といわれているのはこのことか、ということと、竹下派がこういうことに手慣れているというのはなるほどこういうことかということをつくづく感じました」

宏池会を取材していた記者からすると分かりきったことで、率直すぎる宮沢の感想自体に戸惑いを覚え、むしろあきれてしまう。不得意分野は人に任せつつ、チームでやるという発想にとぼしいのも宮沢政権の弱さだった。
ただ任せた相手方の暗闘にまきこまれてしまい、政権にピリオドが打たれたことを思えば、政治は想定をこえたビリヤードの玉のような動きをするものだ。

社会党の奇策、政党としての断末魔の叫び

以上がＰＫＯ協力法の第一幕とすれば、法案成立に向けた第二幕がある。92年になって国対委員長に梶山を起用するが、それより先、政権の立て直しで竹下派会長の金丸信に副総裁の就任を求める。

金丸が北朝鮮訪問で「自分が反米と思われているらしい」と気にしているのを知って、宮沢は92年１月、来日したブッシュ米大統領（父）を使った。会談の席でブッシュに頼んだ（岩波回顧録３０８頁）。

宮沢「ちょっと手伝ってくれよ。この人（金丸）の協力が党内で必要なんだ。あなたのディナーにも来るから、僕がその時サインするからひとこと声をかけてくれよ」

ブッシュ「いいよ。そういうことなら得意とするところだ」

歓迎夕食会の席で、ブッシュはさっそく金丸に「あなたのことはよくミヤザワから聞いている。ひとつ助けてやってくれ」と声をかけた。これが効いた。金丸は副総裁を受けた。

92年度の政府予算が成立したあと、92年4月28日からPKO協力法案の審議が参院で再開した。5月29日には自公民3党でPKF（国連平和維持軍）の凍結、国会の事前容認などを含めてPKO協力法案の修正で合意した。攻防の舞台となる参院の特別委員会では社会党が激しく抵抗、自民党は採決を強行した。

本会議では社共両党が委員長の解任決議案や首相、閣僚の問責決議案を連発、牛歩戦術で抵抗した。6月5日午後10時半からはじまった本会議で法案が可決されたのは9日午前2時前。約75時間にも及んだ。

法案が修正されていたため衆院でもあらためて審議をへて、採決が必要となる。6月12日午後に本会議を開会、社会党などは衆院でも牛歩戦術をとった。参院につづく徹夜国会となった。社民連の菅直人（のちに首相）が議院運営委員長の解任決議案の賛成討論で制限時間をオーバー、議長の発言中止命令を無視して演説をつづけたため、壇上から降ろそうとする衛視と抗議におしかけた社会党議員がもみ合いになるなど混乱する場面があった。

その中で社会党から出てきたのが所属の衆院議員全員の辞職願だった。受理すれば全国で補欠選挙をせざるを得なくなり、宮沢を衆院解散・総選挙に追い込むのをねらったものだった。

ところが桜内義雄議長は辞表を預かったままで、逆に自民党は内閣信任決議案の提出で対抗。公明、民社両党の協力も得て、可決に持ち込んだ。

冷戦構造がおわり、国際情勢が大きく動くなかで、安全保障政策をいかに時代にマッチさせていくのか。本書のワーディングでいえば政治のギアチェンジが求められる時代の転換期。非武装中立で自衛隊違憲を主張してきた社会党としてＰＫＯ協力法案は認めるわけにはいかなかったとしても、議員辞職願という奇手は政党として断末魔の叫び声に近いものだった。

蝸牛の歩みは角上の争いか――議論忘れ、言論の府いずこへ

1992年6月8日　日本経済新聞　朝刊「風見鶏」

○…近所のビデオレンタル店からジェームス・スチュアート主演の米国映画『スミス都へ行く』（一九三九年）を借りてきた。ご存じの向きもあろうが、話のあらすじを紹介すると――。

ある州の上院議員が病死、ボーイスカウトの少年団長をしているJ・スチュアート演じる若きスミスが後継者に指名される。政治的にずぶの素人である彼に白羽の矢が立ったのは、地元の政治的利権を握っている有力者らには操りやすい存在だったからだ。

ところが少年キャンプ村の建設をめぐりスミスは彼らの不正を知った結果、策にはめられ、逆に議員追放を迫られそうになる。本会議にその決議案が提出、まさに採決にかけようとしたところで、彼は議事妨害を開始する。

フィリバスターと言われるやり方で、長時間の演説で採決阻止を目指すものだ。スミスは自らの潔白を主張、二十三時間以上にわたって演説を続け、ついに精根尽き果てて倒れる。その時スミスを追放しようとした上院議員が自責の念にかられ、事のてん末を告白して幕となる。

○…各国の議会事情に詳しい国立国会図書館の成田憲彦・政治議会課長によると、フィリバスターの長時間記録は一九五七年に民主党のサーモンド上院議員の二十四時間十八分というのがあるそうだ。二日間スチームバスに入り体内の水分を絞りだし、途中でトイレに行きたくなるのを避けてから演説に臨んだというから、体力の限界への挑戦である。

欧州でも議事妨害は抵抗の一つのやり方として認められている。英国では十九世紀、アイルランド問題をめぐりしばしば議事妨害が行われ、法案の採決を七年間引き延ばした例がある。フランスでも一九五〇年に採決に七十五時間かかったことがあるという。しかしそうした例はいずれも議会政治の「歴史」の一コマにすぎない。現在、欧米での抵抗手段は徹底した審議と対案の提示だ。議論を通じて法案などの問題点を突き、修正案を示すことで自らの正しさを訴えて行くものである。審議拒否や牛歩戦術はやはり日本的な風景らしい。

○…昭和三十年代はいわゆる「乱闘国会」全盛期で、与野党議員が入り乱れてなぐり合うことも珍しくなかった。だがテレビの普及、世論の批判、多党化、そして速記者や衛視など負傷者続出に伴う事務局の抗議……。四十年代になると乱闘国会も下火になり、議事妨害の野党の主戦術は審議拒否になった。

日本の国会では会期を国会ごとに決め、次へは持ち越さない会期不継続が原則だ。法案を廃案に追い込むには時間切れを狙うのが最も手っ取り早い。「ねる」と言われる審議拒否が有効な抵抗手段になるゆえんだ。

八七年（昭和六十二年）四月の衆院本会議での牛歩は売上税を廃案に追い込んだ。消費税をめぐる八八年（昭和六十三年）十二月の参院本会議での牛歩は法案の成立阻止より反対の意思を明確にするシンボリックな意味があった。今回は消費税型で、社会、共産両党にとっては政治的な効果を狙ったものだ。

○…米国の日本研究家のハンス・ベァワルド氏の『日本人と政治文化』によると、牛歩戦術は「直訳すればカウ・ウォーキング・タクティックスであるが、スネイルズ・ペース・タクティックス（蝸牛歩度戦術）と英訳されるのが普通である」という。

「蝸牛角上（かぎゅうかくじょう）の争い」という言葉がある。『荘子』則陽篇に出てくるもので、かたつむりの角の上の二国が争ったという話から、つまらない争いのたとえだ。

米欧での抵抗手段はしゃべること。日本では、ねることに、ゆっくりゆっくり歩くこと。言論の府である国会で、蝸牛の歩みが角上の争いとならないことを祈るのみである。

（編集委員　芹川洋一）

PKO協力がみまわれた不幸

92年6月15日夜、自民、公明、民社3党の賛成多数でPKO協力法がようやく成立した。9月、実際にカンボジアに自衛隊の施設大隊を派遣する運びとなった。その一環で選挙監視のために各府県から人員をだした。そして不幸にみまわれた。それがPKO協力法の第3幕だった。

93年5月4日、文民警察官として派遣されていた岡山県警の高田晴行警部補が移動中におそわれて死亡したのだ。つい1カ月前、選挙管理にボランティアで参加していて亡くなった中田厚仁につづくものだった。

宮沢は4月末に豪州、ニュージーランドを訪問し軽井沢で5月の連休をすごしていた。その日は軽井沢ゴルフ倶楽部でプレーを楽しんだあと、宿泊先のホテル鹿島ノ森でくつろいでいた。そこに官房長官の河野洋平（のちに自民党総裁）から事件の概要を伝える緊急の電話が入った。4日夜のことだ。

河野「東京ではもう、みんながカンボジアから自衛隊を引き揚げるべきだと言っています」

宮沢「それは待ってくれ。私が帰るまで、どうせ夜中過ぎには着くから、もう少し待っていろ」

午後10時すぎホテルをたった宮沢は官邸へ急いだ。到着したのは午前0時18分。日付が変わっていた。もどった宮沢は「一人、亡くなったからといって、国際的に約束した任務をやめて、一斉に引き揚げたら、日本という国はいい加減な国だということになってしまう。国際的にはそういう評価しか残らない。だから、引き揚げない」と河野らに伝えた（朝日回顧録）。

新聞の朝刊最終版にはぎりぎり間に合った。日経も5日付朝刊の1面トップで「日本人文民警官1人死亡」というトップ記事に、あわせて「政府、対応に苦慮。現段階では撤収考えず」という記事を載せた。

5日は新聞休刊日で、5日夕刊と6日朝刊がない。電子媒体がない時代。新聞報道の与える影響は現在の比ではなかった。だから政府がどう報じるかを気にした。

ちなみに東京発行の新聞各社の最終版の締め切り時間は午前1時すぎ。官房長官もつとめメディアとの付き合いの長い宮沢はそのことを良く知っていた。政府方針がはっきりしないままで、新聞朝刊、翌朝からのテレビ・ラジオのニュースが流れたら、一気に自衛隊撤退に世論が傾くのをおそれた。

宮沢は『私の履歴書』で次のように振りかえっている（2006年4月27日付）。

「誠に不幸な事件だった。しかし国連からの要請で引き受けた以上、軽々に撤退するわけにはいかない。周りは撤退論ばかりだから、誰とも相談できずに一人で決断した」

「あの時に思ったのは『一人の犠牲者で済んだから世論も収まった。しかしさらに2人、3人と死者が出たら、頑張りきれなかったかもしれない』ということだ。世論というのはこんなにも危うく、もろいものなのか、すぐ風向きが変わる世論の怖さがみにしみた」

成立に積極的でなかった政治改革法

その「世論の怖さ」をいやというほど思い知らされたのがもうひとつの内政のギアチェンジ。失敗した政治改革だった。

これも海部内閣の積み残し案件だった。ＰＫＯ協力法とおなじようにその処理に追われることになる。ただ次から次へと宮沢にとって不運な事件がおきた。そしてついに政権の命脈が尽きた。

海部政権の最期―宮沢政権の誕生の経緯からみていこう。

91年9月30日。臨時国会の閉幕が10月4日に迫っていた。海部が「内閣の命運をかける」とまで言い切っていた政治改革関連法案。審議していた衆院特別委員会の小此木彦三郎委員長がいきなり審議未了・廃案にすると宣言した。

寝耳に水のできごとだった。「ふざけるな！」――海部がおこった。党内も大騒ぎになった。小渕恵三幹事長ら党四役をよんだ海部は「重大な決意」でのぞむと告げた。海部が衆院を解散して国民の信を問う意向だと伝わった。党内には動揺が広がった。

しかし結局、海部は解散に踏み切れなかった。海部の後ろ盾だった最大派閥の竹下派がノーだったからだ。91年11月の総裁任期切れを間近に控えていた。海部は続投をあきらめた。総裁選への不出馬を表明した。

宮沢、渡辺美智雄、三塚博の3人が総裁選に名乗りをあげた。宮沢には乗り気ではなかった竹下派も勝ち馬にのるかたちで宮沢政権が誕生する運びとなった。

政治改革関連法案は、リクルート事件に端を発した政治とカネの問題をただすねらいで、小選挙区制の導入などを盛り込んだものだった。政権発足時、宮沢自身、必ずしも積極的ではなかった。

官房副長官の石原信雄は次のように率直に語っている（『首相官邸の決断』〈中央公論社89頁〉）

「宮沢内閣がスタートしたときの案件は、ＰＫＯ協力法案を仕上げる話と、政治改革法案をどうするかという問題。海部内閣でつぶれた法案をどうするかは当然、重要な引き継ぎ事項だったんです。ただ私は宮沢総理が何が何でも政治改革法案という感じは受けなかったですね」

竹下派の分裂で宮沢政権が不安定化

それが次第にやらざるを得ないという方向に向かっていく。金丸事件である。

宮沢が軽井沢でまだ夏休みをとっていた92年8月22日。朝日新聞が1面トップで「東京佐川急便の渡辺元社長　金丸氏側に5億円と供述」と報じた。記事の内容は正規の政治資金ではなく、裏金を金丸側に渡したというものだった。それが正しいならもちろん政治資金規正法違反だ。

さまざまな憶測が飛び乱れる中、27日午後3時すぎだった。金丸が急に自民党本部にあらわれた。竹下派事務総長の佐藤守良に付き添われ、記者会見にのぞんだ。

「陣中見舞いを受け取った。副総裁を辞任する。経世会（竹下派）会長も辞任する決意だ」

竹下派会長代行の小沢一郎が官邸の宮沢のもとを訪れ、金丸の辞表を提出した。

ＰＫＯ国会のあと7月26日投票の参院選で自民党は69議席を獲得、持ち直しつつあった宮沢政権に冷水をあびせかけた。金丸が政権を支える後見役的な存在になっていたからだ。竹下派がごたつけば政権運営そのものが危うくなりかねない。その後の展開はまさにその通りになった。

9月下旬、金丸は政治資金規正法違反を認める上申書を東京地検に提出した。法律の規定で20万円の罰金刑が確定した。この決着は世論の猛反発をまねいた。10月中旬になって金丸は衆院議員を辞職した。

この過程で竹下派内で暗闘が繰り広げられた。10月末には小沢一郎らのグループが派閥を離脱、羽田孜（のちに首相）を代表とする羽田・小沢派を旗揚げした。反小沢のグループは小渕恵三（のちに首相）を代表に小渕派としてスタートした。権勢をほしいままにしてきた竹下派が分裂した。

それは派閥だけの問題にはとどまらない。党内の権力構造の変化はときに政権の力を強め、ときに政権の力を弱める。宮沢の場合は金丸がまとめる竹下派が政権の下支えの役回りをしていただけに不安定化はさけられなかった。

あわせて政治改革の実現を求める運動がどんどん広がっていった。11月には経済界・労働界・有識者による民間政治臨調が日比谷野外音楽堂に4000人を集め「政治改革を求める国民集会」を開いた。超党派の国会議員約80人も出席した。

「私はウソをついたことがない」で受けた大ダメージ

年があけて93年。93年度政府予算案が衆院を通過したその夜だった。土曜の夜だった。ふたたび政界に衝撃が走った。金丸が脱税容疑で逮捕された。政治献金を割引債購入にあてて、政治活動には使わずに個人的にためこんでいた。しかも金丸事務所から金の延べ棒が出てきた。政治への信頼は地に墜ちた。政治改革論議がふたたび燃えさかった。もはや宮沢も逃げられないところに追い込まれた。

政権崩壊劇がはじまった。政治改革による内政のギアチェンジにしくじった首相のドラマでもあった。

93年度予算が成立した翌日の4月1日、宮沢は内閣記者会との会見にのぞんだ。

「政治改革関連法案を国会に出して政治改革をやり抜きたい。この時期にやらねば悔いを100年残すことでは各党とも一致している。その危機意識があれば、曲折はあっても今国会でできると思う。不退転の決意でのぞむ」

自民党は翌2日、単純小選挙区制の導入を柱とする公職選挙法改正案を議員立法として衆院に提出した。この問題は与野党の対立にくわえ、自民党の中のせめぎあいともからんでいた。羽田・小沢派と小渕派の主導権争いだ。人物で代表させると小沢一郎と、幹事長の梶山静六である。

よくいわれたように、自らを改革派と位置づけて政治改革の実現を迫る小沢。これに対し梶山を政治改革に消極的な守旧派としてあぶりだし追い込んでいく。竹下派の分裂からひきずってきた対立だった。

宮沢の苦手とする欲望と感情がないまぜになった権力闘争そのものだった。後日、次のように振りかえっている（『新・護憲宣言』61頁）。

「私は党のなかの権力関係や感情のもつれなどについて十分理解できなかった。最後には梶山君と小沢君はふたりで話していますし、それについてはぼくも聞いていますが、何というか、すさまじいとしか言いようがありませんね。最後のところであれほど死ぬか生きるかというほどのお互いの関係に立たなければならないということは。私の想像力の外でした」

メディア対応でも宮沢は失敗した。5月31日、評論家の田原総一朗がインタビュアーをつとめたテレビ朝日の『総理と語る』でのことだ。宮沢は政治改革を必ず実現すると約束した。「私はウソをついたことがない」と言い切ったのだった。

田原が著書でそのときの様子を再現している。食い下がって問いただす田原への宮沢の答えは実に歯切れが良い（『テレビと権力』２７７頁以下）。

――選挙制度の改革をおやりになるんですか？

「政治改革は、どうしてもこの国会でやらなければならないんです」

――おやりになる？

「やるんです。とにかく政治が変わらなきゃ。どうしても、この国会でやってしまわなければならない」

――くどいようだが、この国会の残りの日数もあまりないようだし？

「私が、責任を持ってやるんですから」

――もしできなければ、首相を辞める？

「いや、だってやるんですから。私はウソをついたことがない」

ところが、うまくいかなかった。これが食言として、イメージダウンにつながった。宮沢は「うそつき」のレッテルをはられた。テレビがこの場面を繰り返し放映したのも響いた。衆院選での自民党の敗北から、宮沢を政権の座から引きずりおろす結果にもつながっていく。

自民党長期単独政権時代の終焉

政治改革関連法案をめぐり推進派と慎重派の党内対立ははげしくなるばかりで、とても合意を得られる状況にはなかった。6月18日の会期末が迫ってくる。13日日曜の夜、神宮前の私邸に宮沢をたずねてきた梶山と3時間あまり会談する。妥協案でも処理をうながす宮沢に梶山は難色を示し、方向が見えないまま会期末を迎えた。

その間、石原の回顧談によると以下のような場面があった（『首相官邸の決断』106〜107頁）。

「社会党が宮沢内閣不信任案を出すといったときに、小沢さんが総理に対して、ここはどうしても政治改革法案を必ずやるという確約をしてほしい、その証として幹事長を交代させるべきだといいにきたんです。消極論者の梶山幹事長ではできないと」

「しかし総裁として、いくらなんでも自分でお願いしてなってもらった幹事長を交代させることはできない。それで断ったんです。小沢さんとすれば、梶山さんを交代させないということは、総理が政治改革法案について本気ではないと見たわけです。不信任案に同調して自

衆院本会議で宮沢内閣不信任決議案の記名投票中、席を立つ宮沢喜一首相（手前右）。＝1993年6月18日、衆院本会議場

民党を出てしまったわけですから」

そしてその内閣不信任案が上程される運命の日が来た。宮沢はギリギリまで会期延長で局面を転換しようと試みた。しかし「梶山さんら党執行部にはその気は見えなかった。それで異例のことだが、私自身が桜内義雄議長のところに足を運んだ」（『私の履歴書』２００６年4月28日）。すべて不首尾におわる。

6月18日午後6時半、衆院本会議が開会した。賛成２５５票、反対２２０票。宮沢内閣不信任決議が可決された。宮沢は苦虫をかみつぶしたような表情で票数を聞き、議場に向かって一礼してひな壇から去った。

「不信任案の採決では負けるかもしれないと

思った。仕方がないと覚悟を決めた。『なぜ会期延長ができなかったのか』。衆院本会議場のひな壇に座っていた時は、そんなことを思っていた。不信任が可決されて、丁寧にお辞儀をして議場を出たが、あれは実に嫌なものだ」（同）

宮沢はただちに臨時閣議で衆院解散を決めた。午後10時すぎから再開した本会議で衆院は解散された。

自民党で賛成票を投じたのは羽田・小沢派34人、渡辺派4人、河本派1人の計39人。18人が欠席ないしは採決前に退席した。

不信任案には反対した武村正義ら若手10人が梶山に離党届を提出した。政治改革が実現しなかったことから反旗をひるがえしての離党だった。かれらは新党さきがけを結成した。つづいて羽田・小沢派の面々も離党に踏み切った。衆院36人、参院8人の計44人。新生党をスタートさせた。自民党は分裂した。

その直後の日経世論調査で宮沢内閣の支持率は6％、不支持率は78％と世論に完全に見放された。リクルート事件で揺れていた、消費税導入前の89年3月、竹下内閣の支持率が13％まで低下したことがある。それを下回る数字だった。日経調査で内閣支持率が一ケタになったのは後にも先にもこのときだけだ。

衆院選は7月4日公示、あいだに7〜9日の東京サミット（先進国首脳会議）をはさんで、18日投票の結果、宮沢自民党は223議席を獲得した。離党組をのぞくと選挙前からは1議席増えたものの、単独過半数に届かない。躍進したのは新生党、細川護熙を代表とする日本新党、新党さきがけだった。新党ブームがおこった。

宮沢は翌19日、退陣を表明した。8月9日、非自民8党派による細川護熙内閣が発足した。38年つづいた自民党長期単独政権がおわった。

はじめは必ずしも宮沢が乗り気ではなかった小選挙区制の導入を内容とする政治改革。政治とカネをめぐるスキャンダル、それも政権のつっかえ棒だった副総裁の金丸によるものだった。宮沢もカネのかからない政治へのギアチェンジをめざす。ところがそこには竹下派内の暗闘が待ち構えていた。権力闘争にまきこまれ、翻弄された。宮沢からすれば「もらい事故」のような面もあったにちがいない。しかしそれが政治家・宮沢の限界でもあった。

――「蓄財政治」を排す――「清貧」の志はどこへ行った

1993年3月15日 日本経済新聞 朝刊「風見鶏」

○…金丸信という人はやはりケタ違いの政治家だった。六十億、七十億円と言われるような、とほうもない金額をためこみ、金銭感覚がずれている永田町の政治家をも「数億円ならいざ知らず、一ケタ違う。信じられない」と、あ然とさせている。「金丸神話」は言うに及ばず、政治への信頼も完全に失墜、「カネもうけとしての政治」だけが残った。

政治家の蓄財は古くて新しい問題である。明治以降を考えても、すぐにいくつかの例が思い浮かぶ。日常的にわいろを要求、私腹を肥やしたとされる政治家としてはまず長州出身の元老・井上馨があげられる。

「井上は、病的気質かと思われるほどに所有についての自他の区別がなく、たとえば萩の旧士族宅で見せてもらった骨董品をそのまま持ちかえり、返さなかったりした話がのこっている」と司馬遼太郎さんが『この国のかたち』の中で書いている。

今はなき海音寺潮五郎さんも井上を『悪人列伝』中におさめ、「貪官汚吏（どんかんおり）の代表者」としてとり上げている。

○…井上と同じく長州出身の元老・山県有朋にも、あやしげなところがある。東京・目白で、現在は結婚式場になっている「椿山荘」にしても、彼の別荘だったわけで、藩閥政治家と政商、財閥とのつながりなしには考えられない。

もう一人、明治の腐敗政治家の代表のように言われているのに星亨がいる。衆院議長も務め、政友会創立に活躍した星は毀誉褒貶（きよほうへん）があり、最後は「収賄党の巨魁（きょかい）」として刺殺されてしまう。

戦後では、何と言っても田中元首相である。椿山荘近くの目白の豪邸にせよ、田中金脈、金権政治にせよ、権力と財産へのむき出しの欲望のあらわれと言える。それを間近で見てきたのが金丸前副総裁であり、竹下元首相である。

○…山県、井上にしても田中元首相にしても、入ってくる政治献金を一部はためたのだろうが、かなりの部分を実際に使った。星にいたっては死後、一万数千冊の蔵書が残っただけというから、ほとんどの政治献金は右から左へと流れていったようだ。

日本政治史専攻で東京都立大名誉教授の升味準之輔さんに話を聞いた。

「政治家の蓄財が昔からいろいろあったのは間違いない。うわさはいっぱいある。確かな記録がないから分からないだけだ。ただ遺産を調べてみると『意外にない』というのが普通だ。もっともそれは大政治家の場合だけど」

自民党内で金丸前副総裁への失望の声が漏れている背景には、「意外にない」どころか「意外や意外」信じられないほどためこんでいたことがある。政治にカネがかかるのだから、実力者はそれをいろんなところから用立てて、派閥のメンバーに配る、という永田町感覚を裏切った。

○…ひとのカネを使うのが政治家の常道である。政治資金と生活資金の区別があいまいだから、ひとのカネが自分のカネになり、蓄財もされる。財界から政界に転進、親譲りの財産をすっかり失い「絹のハンカチも泥にまみれたよ」と苦笑していた故藤山愛一郎元外相などは例外中の例外である。

実態はともかく、井戸塀のエトス（倫理的雰囲気）だけは政界に残っていたはずだ。金丸不正蓄財はそれすら失われていたことを示して余りある事件だ。

しかし物は考えようである。ここまで「カネもうけとしての政治」を見せつけておいて、政治がよもや何の手も打たないことはあるまい。またもや先送りしようとしていた政治改革を改めて政治家自身に迫り、いささかなりとも自浄作用を発揮させることになれば、せめてもの慰めではある。

もしそうでなければ、ワリシン、金塊、隠し金庫……伊丹十三監督の映画『マルサの女』を地でいく『マル金の男』の物語の後に続くのは、自民党割引債の償還不能、つまり自民党一党支配の終えんという事態である。

（編集委員　芹川洋一）

すぐれた「経済評論家」に足りなかったもの

宮沢の限界と同時に見識も示した不良債権の処理の問題にも触れておきたい。

1989年末には3万8915円の最高値をつけた日経平均は宮沢政権下の92年8月、ついに1万4309円まで下落した。

宮沢は金融機関の不良債権処理に問題があると考えた。8月30日の自民党軽井沢セミナーで、そのあと問題になる公的資金導入の検討をいちはやく表明した（『朝日回顧録』21頁）。

「銀行の貸し出し能力が、不良資産などできわめて弱っているのが事実だ。市場経済が正常に機能しないときにしかるべき方途を考えることは、政府、中央銀行の当然の責務だ。銀行が持っている不動産をどう流動化するか、その仕組みを今年の暮れまでに作らないといけない。金融機関が知恵や金を出し合ってやるのが一番好ましいが、必要なら公的援助することにやぶさかでない。ただしこれは銀行を救済するのではない。国民経済全体のためならばあえて（公的援助を）辞するものではない」

宮沢の指摘はまさに正鵠を射ていた。しかしすぐさまその考えを引っこめる。

その間の事情について宮沢は次のように振りかえっている（『私の履歴書』2006年4月26日）。

「私はこの危機の根は深いと危惧していた。そのきっかけは5月にフィナンシャル・タイムズ紙で、邦銀の不良債権が巨額に達するという記事を読んだことからだった。『これは本当のことだろう』。そう直感した」

「これが伏線となって、自民党軽井沢セミナーで初めて公的資金の導入に言及した。しかしマスコミを含め誰も賛成してくれなかった。大蔵省は『変なことを言ってもらっては困る』

という態度だ。銀行の頭取は『冗談じゃない。うちはそんな変な経営状態ではない』と思っている。経済界も『銀行にカネを出すなんて』と反発した。経団連の平岩外四会長は『そんなことは考えることもできません』とけんもほろろだった」

「私一人が頑張っても、とても導入できる環境にはなかった。政府にも民間にも不良債権の実態が分かるデータすらなかったのだ。我慢していれば、いずれ株価も地価も上がる。まだそんな楽観論が支配して、結果として不良債権処理が遅れてしまった」

評論家である。それも優れた経済評論家だ。さすがと思わせるものがある。思えば実に惜しまれる問題提起である。

しかし政治家なら組織や人を動員して、自らの見方を実現していくよう努力するものである。まして一国の首相である。問題提起したら、そこへ向けてなにがしかの動きをするのが政治家である。そこでおわっていたら政治指導者とはとてもいえない。リーダーとしての資質に疑問符がつけられるのはこのためだ。

これもまた惜しまれる経済運営のギアチェンジの失敗例だった。

▶宮沢喜一　略歴

1919年　東京都に生まれる
41年　東京帝大法学部卒業
42年　大蔵省入省
53年　参院初当選
62年　第2次池田再改造内閣・経済企画庁長官
66年　佐藤内閣第3次改造内閣・経済企画庁長官
67年　衆院初当選
70年　第3次佐藤内閣・通産相
74年　三木内閣・外相
77年　福田改造内閣・経済企画庁長官
80年　鈴木内閣・官房長官
84年　自民党総務会長
86年　第3次中曽根内閣・蔵相、宏池会会長
87年　竹下内閣・副総理兼蔵相
91年　首相
93年　辞任
98年　小渕内閣・蔵相
2000年　森内閣・蔵相
07年　死去、87歳

▼参考文献

宮澤喜一『新・護憲宣言』（朝日新聞社1995年）
中曽根康弘・宮澤喜一『対論　改憲・護憲』（朝日新聞社1997年）
石原信雄『首相官邸の決断』（中央公論社1997年）
弘中喜通『宮澤政権・六四四日』（行研1998年）
御厨貴・中村隆英編『聞き書　宮澤喜一回顧録』（岩波書店2005年・岩波回顧録と略）
五百旗頭真・伊藤元重・薬師寺克行編『90年代の証言　宮澤喜一　保守本流の軌跡』（朝日新聞社2006年・朝日回顧録と略）
宮沢喜一「私の履歴書」（日本経済新聞2006年4月1日〜30日付朝刊）
田原総一朗『テレビと権力』（講談社2006年）
後藤謙次『平成政治史Ⅰ』（岩波書店2014年）
芹川洋一『平成政権史』（日本経済新聞出版社2018年）

コラム③　加藤紘一

宏池会分裂

池田勇人から前尾繁三郎、大平正芳、鈴木善幸、宮沢喜一と5代にわたって会長が交代しても割れなかった宏池会。１９９８年12月22日、会長が宮沢から加藤紘一にバトンタッチ、宮沢派から加藤派に衣替えするところで、ついに分裂した。

途中で宏池会に入り宮沢内閣の官房長官もつとめた河野洋平に近いグループが派閥を脱会したからだ。粕谷茂、相沢英之、麻生太郎、衛藤征士郎ら15人だった。

河野は、95年の自民党総裁選で加藤が自らの再選を支持しなかったことから、すでに加藤とたもとを分かっていた。彼らは河野グループとして行動した。今日の麻生派の源流だ。

昨日の淵ぞ今日は瀬になる――宏池会にみる人間模様

１９９８年12月28日 日本経済新聞　朝刊「風見鶏」

○…どこの組織でも、トップ交代のときには人間関係の微妙なあやがあらわれるものだ。権力をめぐる争いを営みとする政治の世界では、とりわけそうだ。先週、ようやくケリがついた派閥の継承劇でも、それが見てとれた。宏池会の話である。リーダーの名前で呼ばれるのが常の自民党の派閥で、会の通称の方が通りがいいのは、池田―前尾―大平―鈴木―宮沢と割れることなく、四十一年の歴史をほこってきたからだ。今回、宮沢喜一氏から加藤紘一氏にバトンタッチしたものの、河野洋平氏を支持する面々が派を抜け、はじめて分裂した。

宮沢・加藤・河野各氏が織りなす人間模様からは、流転する政界の姿が浮かびあがってくる。

○…宮沢―河野関係は師弟関係に似ている。

もう四半世紀も前のことになる。七四年（昭和四十九年）、金脈問題で田中角栄首相が政権を投げ出す。党内では後継総裁選びがはじまる。派閥をこえた若手の会である政治工学研究所をつくっていた河野氏は、ニューライトの旗手とよばれていた宮沢氏の擁立に動く。

父・一郎氏の流れで中曽根派に籍をおいていた河野氏。宮沢氏の自宅に押しかけ、決起を促すものの「私なんかより、あなたが出るべきだ」と断られる。このときから宮沢氏は河野氏を強く意識するようになる。

七六年、ロッキード事件で河野氏は自民党を脱党、新自由クラブを旗揚げする。その際、相談に行くのが宮沢氏である。もう一度、新自クが十年の歴史に幕をおろし、自民党に復党するとき相談に訪れるのも宮沢氏だ。「河野くんは政治家としての人生の岐路に当たり私のところに参りましてね」。宮沢氏が途中入社の河野氏に思い入れがある背景にはこうした事情もある。

○…宮沢―加藤関係はお互いに認め合う関係だ。

宮沢政権が加藤氏の力なしにできなかったのは間違いない事実だ。九一年の総裁選。海部俊樹首相の続投は動かないとみられている中で、山崎拓、小泉純一郎両氏とYKKトリオを組み、ひっくり返す立役者が加藤氏である。

今度の会長交代も納得ずくだった。ただ、時機をめぐってそごをきたした。九九年度予算が成立したあとの来春を想定していた宮沢氏。自自連立もあり、早く体制を固めたいと考えた加藤氏周辺。「総裁選での一票の重みもありますからな」と宮沢氏が派の分裂を避けようとしたことがブレーキをかけた面もある。

もちろん、加藤氏は早くから宏池会の次代のリーダー候補だった。大平正芳―伊東正義ラインが育てようとした人材である。大平派のプリンスとよばれた。そのころ、派閥と宮沢氏にはやや距離があった。宮沢、加藤両氏はそうした気分を引きずってはいないものの、宏池会の四十一年の歴史の中に二人を置いてみると、人と人とのつながりのおもしろさが見えてくる。

○…そして加藤―河野関係である。その昔、加藤氏にとって河野氏は遠い存在だった。七四年、当選三回の河野氏が政治工学研究所をつくったとき、当選一回の加藤氏はメンバーの一人だった。新自クの若武者として脚光を浴びた河野氏が落ち武者となって宏池会に入ってきたところで、二人はならび、いや応なく微妙な関係がはじまる。

政調会長から幹事長へと着実に階段をのぼり、ついに宏池会の六代目の会長となって、次をうかがうところまできた加藤氏。脱党―復党にはじまって、野党党首としての自民党総裁、新グループ結成と波乱万丈の政治家人生を歩む河野氏。

もし河野氏が宏池会に入っていなければ、というのは政治の場ではほとんど意味のない仮定だが、政治家の移ろいや縁ほどわからないものはない。「昨日の淵(ふち)ぞ今日は瀬になる」である。

(編集委員　芹川洋一)

加藤の乱

読売新聞主筆の渡邉恒雄が主宰する政治評論家らの集まりに山里会という会があった。ホテルオークラ東京の日本料理屋「山里」で開いていたため、店の名前で呼ばれていた。政治家をゲストにオフレコで話を聞く会だ。そこに2000年11月9日夜、加藤紘一が招かれた。

臨時国会の閉幕後、12月に想定されていた第2次森喜朗内閣の内閣改造・自民党役員人事が話題になった。

——内閣改造が行われたとき入閣しますか。

加藤「改造は本当にできるのでしょうか。このまま森政権をつづけていいのでしょうか。森さんの手でやらせていいのでしょうか」

不人気だった森首相に内閣改造をさせないというのは、森に退陣を促す発言と受け止められた。

野党が提出を予定していた森内閣不信任決議案の採決で、加藤が率いる宏池会・加藤派と盟友の山崎拓の山崎派のメンバーがそろって衆院本会議で賛成したり、欠席したりすれば、不信任案は成立、森は内閣総辞職か衆院解散に追い込まれる事態に発展するからだった。

オフレコ発言ほどあっという間に政界を走る情報はない。党内に激震が走った。

加藤は翌10日「内閣不信任案の採決に欠席することもあり得る」と一歩進めて倒閣を宣言。それを自らのホームページ上に掲載、メッセージを発しつづけた。ホームページへのアクセスが急増、応援メールも殺到し、数回サーバーがダウンした。ネットの声が加藤の背中を押した。ネットが政治を動かした最初の例だった。

加藤、山崎両派の合同集会から本会議に出席しようとしながら、谷垣禎一元総裁から腕を取って引き留められる加藤紘一元幹事長＝2000年11月20日夜、東京都港区のホテル

しかし加藤が相手にしなければならなかったのはネットとは別の世界だった。国会議員という永田町の人間たちである。衆院本会議での内閣不信任案の採決とは、衆院議員の頭数の計算だ。そこが現実政治の空間だった。

20日の不信任案の採決で、本会議を欠席した加藤派は21人にとどまった。幹事長の野中広務らが強烈な切り崩し工作を進めた。党の方針通り反対に回ったのは24人で、こちらが多数派になった。

欠席したのは加藤のほか谷垣禎

一、石原伸晃、中谷元、岸田文雄、根本匠、塩崎恭久、菅義偉（当時、宏池会に所属）らだった。

反対したのは宮沢喜一、林義郎、池田行彦、丹羽雄哉、堀内光雄、古賀誠、森田一、柳沢伯夫、鈴木俊一といった顔ぶれだった。

むしろ山崎派で17人とほとんどが欠席、山崎拓の派閥掌握力が見直された。

涙ながらに「あなたは大将なんだから」と加藤の単独行動を押しとどめる谷垣。涙ぐみ歯を食いしばりながら立ちつくす加藤。その姿はテレビで全国に放映された。

これにより、次の政治リーダーの最右翼とみられていた加藤がその地位から脱落した。宏池会も加藤グループと反加藤グループに分裂した。２つの宏池会が存在するかたちとなった。

反加藤グループは２００１年１月31日、堀内光雄を会長に所属議員42人で堀内派を旗揚げした。堀内を第７代宏池会会長とした。

そのあと２００６年古賀誠が第８代会長、12年岸田文雄が第９代会長となった。

加藤グループの面々はその後、寄りを戻して元のさやにおさまったものの、古賀宏池会でふたたび対立、わかれて谷垣禎一をトップとする谷垣グループとして今日にいたる。

森内閣の不信任案に同調し倒閣に動いた一連の騒ぎは「加藤の乱」と呼びならわされている。当時、不人気だった森に反旗を翻そうとした加藤の行動に一般の期待が集まっていただけに、不発におわり有権者にはますます不満がつのる結果となった。「自民党をぶっ壊す」――。小泉純一郎という異形の政治指導者が登場するのはそれから半年後のことである。加藤の乱が小泉を呼びこんだ。

内閣不信任案否決へ、政党自壊への一歩――政争、結局コップの中

2000年11月21日　日本経済新聞　朝刊

内閣不信任決議案をめぐる政治の混乱は、いったい何だったのだろうか。単に自民党内の権力闘争にとどまらない要素をはらんでいたはずなのに、加藤紘一、山崎拓両氏が土壇場で白旗をかかげ、突然、政治ドラマの幕がおりた。後に残ったのは、政治と政党への信頼の揺らぎである。

四分の三の内閣不支持、自民党を変える、政治を変える……加藤氏が訴えたのは森喜朗首相の退陣を含めた変革だった。不人気の政権が自民党内の派閥の論理で変えられない、それでは、永田町の外の力を利用して、局面を転換する——。掲げた構造改革の旗は二十一世紀を見据えながら、景気対策の重視を優先する党執行部に路線転換を迫ろうとするものだった。

背景には、自民党政治そのものへの問題提起があった。公共事業を中心に中央から地方への所得再分配で平等を追求してきたのが限界に来ていることは、自民党の国会議員なら程度の差こそあれ、だれもが感じている。では、この先どうしたらいいのか、そこが見えないのだ。

もちろん、野党提出の内閣不信任案に賛成して政権をひっくり返し、政局の転換をめざすのは、政党政治では禁じ手だ。世論の助けを借りて、政党の自浄作用を働かせようとした面があった。

しかし、加藤、山崎両氏が最終局面で旗を巻いたことで、こうしたもくろみは、すべて水泡に帰した。永田町の外に向かっての発信で、永田町の包囲網を突き崩そうとしたことが不発に終わったのである。

たしかに、政治は数である。多数の形成に敗れたからには、陣を引くのは当然かもしれないが、しょせん、コップの中の嵐にすぎないという批判は甘んじて受けなければならない。

これで、とりあえず自民党の分裂や政界再編といった事態はなくなった。自民党は短期的には救われたということだろう。長期的に見た場合は、政党の組み替えによる二十一世紀に向けた新たな政治体制作りは、しばし遠のいたことになる。

それだけでなく、今度のドタバタ劇は有権者に、既成の政治や政党への不信を募らせる結果になるとみられる。それは自民党全体への批判となって跳ね返ってくる可能性が大きい。

長野に続いて栃木でも政党の後押しを受けた知事候補が無党派に敗れ去った。永田町のドラマを超えて、もっと大きなところで何かが変わってきている。既存の政治への不満のガスがたまり、政党への信頼が低下していることは間違いない。政党政治の危機のはずだ。

今回のゴタゴタがそうした傾向に拍車をかけるとすれば、待ち構えているのは自民党政治だけでなく、政党政治そのものの自壊ではなかろうか。

（編集委員　芹川洋一）

▼参考文献

後藤謙次『平成政治史2』（岩波書店2014年）

芹川洋一『平成政権史』（日本経済新聞出版社2018年）

第5章

岸田政権

「ゆるふわ」で安全保障・原発をスルリと大転換

岸田文雄首相

▼**第205回国会　2021年10月8日　所信表明演説**

「**私が目指すのは、新しい資本主義の実現です。**新自由主義的な政策については、富めるものと、富まざるものとの深刻な分断を生んだ、といった弊害が指摘されています。……『**成長と分配の好循環**』と『コロナ後の新しい社会の開拓』。これがコンセプトです。……成長を目指すことは、極めて重要であり、その実現に向けて全力で取り組みます。しかし、『**分配なくして次の成長なし**』。このことも、私は、強く訴えます」

▼**第207回国会　2021年12月6日　所信表明演説**

「我が国を取り巻く安全保障環境は、これまで以上に急速に厳しさを増しています。……国民の命と暮らしを守るため、**いわゆる敵基地攻撃能力も含め、**あらゆる選択肢を排除せず現実的に検討し、スピード感をもって**防衛力を抜本的に強化していきます。**このために、**新たな国家安全保障戦略、防衛大綱、中期防衛力整備計画を、概ね一年をかけて、策定します**」

▼第211回国会 23年1月23日 施政方針演説

「昨年末、一年を超える時間をかけて議論し、検討を進め、新たな国家安全保障戦略などを策定いたしました。**今回の決断は、日本の安全保障政策の大転換です……**」

「エネルギーの安定供給に向けては、多様なエネルギー源を確保しなければなりません。……**廃炉となる原発の次世代革新炉への建て替えや、原発の運転期間の一定期間の延長を進めます**」

総裁選出馬で一か八かの勝負に出る

宏池会政権の第5章は岸田文雄の物語である。それも現在進行形のものだ。途中経過でもある。安倍晋三・菅義偉のような強いリーダーシップでものごとを動かしていくタイプではない。それなのに安全保障、原子力発電所といった国家の根幹にかかわる問題で、するりと政策の大転換を実現した。静かなるギアチェンジだった。2022年2月24日、ロシアのウクライナ侵攻により国際環境、エネルギー事情の激変が後押ししたかっこうだ。影の主役はプーチンともいえる。そんな岸田政権がこの先、何に取り組み、どこまで持ちこたえるかは予断を許さない。

政権誕生へのスタートラインは2021年8月26日、総裁選出馬の記者会見だった。「このたびの自民党総裁選に立候補すると決意した」――。とかく煮え切らないといわれてきた岸田が政治家として一か八かの勝負に出た。

それまで18年9月の安倍3選の総裁選には出馬せず、20年9月のポスト安倍の総裁選では菅義偉に大敗を喫した。菅の377票に対し岸田は89票だった。主流派から転落、岸田は無役になった。

県連会長として取り仕切った21年4月の地元・広島の参院再選挙では自民公認候補が野党候補に敗れた。「岸田はおわった」――そんな見方が党内で定着しかかっていたのは事実だ。

21年初夏以降、新型コロナウイルスへの対応などで菅内閣の支持率が大きくダウン。岸田記者会見の直前の8月22日、横浜市長選挙で閣僚を辞めて出馬した小此木八郎が野党候補に一敗地にまみれたことが衝撃を与えた。横浜は菅のお膝元であり、菅は八郎の父・彦三郎の秘書から政界に入った経緯もある。

21年10月の衆院議員の任期満了を前に、選挙を間近に控えた、とりわけ若い議員は「菅では選挙は戦えない」と浮足立っていた。そこに岸田が名乗りをあげたわけだ。

派内事情もあった。参院から衆院へのくら替えをめざし、将来の首相をうかがう宏池会座長の林芳正が次にひかえている。12年に宏池会会長の座を岸田にゆずったあとも派内に影響力があった古賀誠との距離は林の方が岸田よりずっと近い。

岸田にはおそらく内心「ここで戦わないと第2の前尾になる」といった危惧があったはずだ。

8月26日午後、衆院の議員会館内で開いた記者会見には部屋からあふれんばかりの記者が集まった。15時からはじまった会見は17時近くまでつづいた。

A6判の角がすりきれたノートをかかげ「このノートは私の宝物だ。10年以上前から要望や相談を書き留めて、今では30冊近くになった。国民の声に耳をすまし、政治生命をかけて新しい政治の選択肢を示していく」と訴えた。いわゆる岸田ノートだ。

幹事長の二階俊博を念頭に党役員の任期は「1期1年・連続3期」として「権力の集中と惰性を防いでいきたい」と強調。かつてない歯切れの良さだった。菅―二階ラインに挑戦状をたたきつけたかたちだ。党内を驚かせた。

「新しい資本主義」とは何なのか

そのうえで政権構想の柱として「新しい資本主義」の考え方を明らかにした。まとまったかたちで示したのはこの時がはじめてだ。

「成長と分配の好循環による新しい日本型の資本主義を構築する。中間層の拡大に向け、分配機能を強化し、所得を引き上げる。令和版所得倍増をめざす」

岸田は総裁選向けの政権公約のパンフレットにまで「小泉政権以降に進められてきた新自由主義的な政策はたしかに我が国経済の体質強化と成長をもたらした。しかし、その一方で富めるものと富まざるものの分断なども生じている。人は成長だけでは幸せを感じられない」と明記、新自由主義路線との決別の方向を示した。

同時に、宏池会の先輩である池田勇人と大平正芳にならい、令和版資産倍増計画とデジタル田園都市国家構想を政権構想の柱にすえた。保守本流たる宏池会の後継者としての自らの立ち位置を明確にするねらいでもあった。

岸田の時代認識と政策課題について周辺は次のように解説する。

２０１９年、ちょうど平成から令和になったころ、グローバル化が第2段階に入った。世界の一体化から分断化へ、マーケットの拡大から競争相手の拡大へ、マネー重視から実体経済重視へ、「官から民へ」から官民連携へ、コストカットから未来への投資へ、規制改革・構造改革から賃上げへといった変化に対応した経済のあり方を模索すべき段階になった。新自由主義から新しい資本主義への転換である。

具体的な政策としては10兆円ファンド、リスキリング、資産所得倍増、スタートアップ育成5カ年計画、子育て予算の倍増などがその方向だという。

新しい資本主義には小泉純一郎から安倍晋三へと引き継いできた経済路線のギアチェンジの含意があった。これまで4代の宏池会政権が果たしてきた政策転換の役回りである。それは党内では、改革急進派の清和会から、改革穏健派の宏池会へ振り子をふるものとも受けとられた。

これに敏感に反応したのが安倍だ。自らの路線が転換されることに強い警戒を示した。岸田政権が発足した年の暮れに次のような発言をしている（21年12月26日放送・ＢＳテレ東

「NIKKEI日曜サロン」)。

「根本的な進む方向をアベノミクスから変えるべきではない。新自由主義を採らないと岸田さんは言っているが、成長から目をそむけると捉えられないようにしないといけない。成長から目をそむけて、社会主義的になっているのではないかととられると市場も大変マイナスに反応する」

安倍の念頭にあったのは「岸田ショック」と呼ばれた市場の動向だ。総裁選で岸田政権の誕生が決まった9月29日と前後して、日経平均株価は9月27日から10月6日まで約12年ぶりとなる8日続落となった。

総裁選の公約に盛り込んだ、金融所得課税の見直しへの警戒感が主な理由とみられるが、決選投票でまみえた河野太郎に比べて岸田が改革に積極的ではないと受けとめられていたこともある。

番組ホームページから見逃し視聴が可能なので見てもらえばわかるが、安倍の口調は相当にきついものだ。安倍からすれば自らの路線を転換することへの拒否を市場にことよせて表現したものだった。

党内第４派閥の岸田の新しい資本主義が、成長と分配の間で漂いがちな政治的な理由はここにある。岸田派の倍以上の１００人規模の最大派閥・安倍派にとっては、安倍なき後もアベノミクス路線の継承が最重要課題だからだ。防衛財源の問題もそうだが、岸田はなお「安倍の壁」を破れないでいる。

分配でいうと、たしかに23年度の賃上げ目標は達成したかもしれない。しかし物価高もあり実質所得は低下している。成長路線の方ははっきり見えてこない。成長と分配の好循環をどこまで実現できるかはこれからを待つしかない。経済の専門家も含めて、新しい資本主義とはいったい何なのかという疑問は解消していない。

岸田政権が誕生

時計の針を21年９月にもどそう。菅は衆院解散とからめて局面打開ができないかと模索したものの結局、総裁再選を断念。岸田、河野太郎、高市早苗、野田聖子による総裁選に突入する。９月29日、第１回投票ではどの候補者も過半数に届かず、決選投票の結果、岸田が２５７票を獲得、１７０票の河野を下して、総裁に選出された。

10月4日召集の臨時国会で岸田は第100代の首相に指名された。衆院議員の任期満了の7日前の同14日に衆院を解散。19日公示—31日投開票の選挙戦をへて、11月10日召集の特別国会でふたたび首相に指名され、第2次岸田内閣を発足させた。

宏池会政権の傾向と対策——政治を回す力は大丈夫か

2021年11月22日 日本経済新聞 朝刊「核心」
論説フェロー●芹川洋一

［2021年］夏から秋にかけてあわただしかった日本政治。ようやく落ちつきを取り戻し岸田文雄政権が本格的に動き出した。

これまで示した政策の方向をどう肉づけしていくのか、政治をいかに回していくのか、すべてはこれからである。

そのカギをにぎるのが首相のリーダーシップにあるのはいうまでもない。池田勇人、大平正芳、鈴木善幸、宮沢喜一につづく宏池会（岸田派）として5人目の首相。

岸田氏は宏池会とは「イデオロギーや理念に流されるのではなく、徹底したリアリズムが本質だ」と語る。

政治手法については「池田内閣の『寛容と忍耐』、大平内閣の『信頼と合意』のキャッチフレーズのように、コンセンサスを大事にし権力の行使は謙虚でなければならないという哲学を持つ」との見方も示す（２０１５年3月27日衆院外務委員会での答弁）。

もっとも欲望と感情がないまぜになった権力闘争が繰りひろげられるのが現実政治。荒場に翻弄され、志半ばで倒れてきたのが「公家集団」といわれた宏池会政権の歴史でもある。

総裁選を勝ち抜き、衆院選も何とかしのいだ「聞く力」の岸田首相だが、その要因をみるといろんなところで宏池会のＤＮＡが見てとれる。

ひとつは政策づくりだ。総裁選で新型コロナ対策、経済対策、外交・安全保障政策の3本柱を発表、それが衆院選の党の公約につながった。

取りまとめにあたったのは木原誠二氏を中心に村井英樹、小林史明両氏ら派閥の中堅・若手のメンバーだった。

「新しい資本主義」をはじめ、岸田氏が示すキーワードをもとに政権構想を固めていった。池田、大平からつづく政策集団としての宏池会の「政策力」がなお生きていることを印象づけた。

「岸田さんは、誠実な方で相手を非常に尊重される方。あの人といると居心地が良いと感じる人は多い」——。安倍晋三元首相は以前、こう語ったことがある（BSテレ東「NIKKEI日曜サロン」19年12月29日放送）。

岸田氏の「人柄力」も安心感を与え、総裁選を勝ちあがったひとつの理由だ。優柔不断、面白くないといった指摘と裏腹だが、敵の少なさが党内の摩擦係数を引き下げた。「仏の善幸」といわれた鈴木をほうふつとさせるところがある。

もうひとつ「負ける力」もある。19年の参院広島選挙区、20年の総裁選、21年の参院広島再選挙と連戦連敗だった。1987年の中曽根（康弘首相）裁定による竹下（登総裁）指名で一敗地にまみれるなど勝負に弱かった宮沢に似ている。さしずめグッド・ルーザー（潔き敗北者）か。

衆院選を乗りこえたとしても、現在はまだ仮免許みたいなものだ。政権をうまく運んでいけるかは未知数である。

「運営力、政策力、説明力」――。大島理森・前衆院議長は政権担当には3つの力が求められると指摘する。

とりわけ問題なのが運営力だ。政府や党で上司だった長老らの岸田評をまとめると、自らで絵を描くことはない、言われたのをやるタイプ、動くまでにはけっこう時間がかかる、といったものだ。

官房長官と国会対策委員長がともに安倍派、幹事長が竹下派で党4役に岸田派はいない。与党内調整や国会対策をどう進めていくのか運営力に懸念があるのは事実だ。

岸田派の中堅は「首相執務室で会うと、議員会館で会っていたときに比べ大きく見えるようになった。地位は人をつくる」と語る。

麻生太郎副総裁も「総裁選を通じて総裁の顔になった」との感想をもらしたように、首相の顔つきがかわったとみる向きは多い。

谷垣禎一元総裁は「三日相見ずあれば刮目(かつもく)してこれを見るべし」(三国志演義)と評したが、本当に見違えるほどに成長しているかどうか。今後、さまざまな局面で問われることになる。

大平以降の宏池会政権は、最大派閥である田中派や竹下派の支えがあって運営されてきた。とくに国会対応など自前の勢力でやろうとして深い痛手を負ったこともあった。今回も変わらない。安倍—麻生枢軸をバックに茂木敏充幹事長の起用で安倍・麻生・竹下3派の上に乗るガラス細工のような権力構造だ。

そこを突破し自前の政権にしていくためにはポイントがふたつある。ひとつは首相がしたたかな権力政治家になることだ。中曽根がそのモデルである。田中曽根内閣などといわれながら「なってしまえばこっちのものだ」と田中角栄離れを進め、長期政権にもちこんだような芸当だ。

もうひとつは派閥再編である。同根である麻生派と谷垣グループを取りこみ、政権の基盤を固めることである。いわゆる大宏池会構想だが、まずは谷垣グループとの「中宏池会」実現だ。

もちろん権力維持には山積する政策課題を処理し有権者の支持を取りつけるのが大事なのは論をまたない。政策ビジョンを肉づけするための会議体がスタート、経済対策もまとめた。政権の体力である「政権力」を強めるためにも政策実現ということだろう。

病に倒れて退陣した池田。衆参同日選の最中に命をおとした大平。「ゼンコー・ホワイ?」といわれつつ政権の座をさった鈴木。衆院選に敗北、退陣を余儀なくされた宮沢。

5人目が権力政治を生き延びていくのがそう簡単でないのは過去が教える通りだ。

＊［ ］は著者挿入

安全運転に徹する政権運営

22年は静かな年明けとなった。岸田は都内のホテルで年末年始をすごし、4日には伊勢神宮を参拝、年頭の記者会見にのぞんだ。

「今年の干支は壬寅（みずのえとら）。壬寅は新しい動きが胎動し、大いに伸びるという意味を持つと言います。大胆に挑戦を行い、新たな時代を切り拓（ひら）くための1年としていきたいと思っています」

「新しい動きの胎動」はとんでもないものだった。2月24日、ロシアがウクライナに侵攻したのだ。国際情勢が大きく動き、経済環境も激変した。

国内では7月の参院選が最大の関門だった。21年10月末の衆院選につづいて、参院選を無難に乗りきらないことには政権の安定はない。新型コロナウイルスの感染状況も落ち着きを取り戻しつつあった。

政権運営は安全運転に徹した。内閣支持率も5割を超える水準を維持していた。

ゆるふわ内閣の参院選　問われる反応型政治

2022年6月27日 日本経済新聞　朝刊「核心」
論説フェロー●芹川洋一

参院選まっただ中である。掲示板にはポスターがはられ、街宣車が走りまわる。駅頭には候補者が立つ。いつもの選挙風景だ。

にわかに物価高対策が争点に浮上してきたものの、関心は高くない。野党はバラバラ。劇的な展開も予想しにくい。焦点は投票率で、前回2019年の48・8%を上回るかどうかだ。

むしろいろんなところで話題になるのは、なぜ岸田文雄内閣の支持率は高いのかという素朴な疑問だ。本社調査で6月は前月より6ポイントダウンしたものの、なお60%ある。

政権発足からもうじき9カ月。特になにかをやったわけではない。もちろん大きな失敗があったわけでもない。そんな「なぜ」から考えたい。

ものごとは、なにかと比較するとわかりやすくなる。内閣支持率もそうだ。起伏はあったものの12年12月から7年8カ月の間、高い支持率を誇った第2次安倍晋三政権と岸田政権を比べてみよう。

補助線を2本引いてみたい。ひとつは男女別の内閣支持の動向だ。安倍内閣は一貫して「男高女低」だった。

新型コロナウイルスによる感染拡大が始まる20年1月までの半年をとってみる（男%―女%＝差ポイント、日経調査）。

▼8月（66－47＝19）

▼9月（62－55＝7）

▼10月（61－51＝10）
▼11月（56－43＝13）
▼12月（53－46＝7）
▼1月（54－40＝14）

男女差は7ポイントから19ポイントもある。このほかの期間でもしばしば10ポイントを超える差がある。

岸田内閣はどうか。同じように22年に入ってからを見てみよう。

▼1月（58－60＝−2）
▼2月（55－54＝1）
▼3月（62－61＝1）
▼4月（65－64＝1）
▼5月（65－67＝−2）
▼6月（63－57＝6）

直近の調査では若干差が開いたものの、それまではほとんど男女同等だった。

２本目の補助線は年代別の内閣支持だ。ここにもきわだった差がある。安倍内閣の支持は若手がシニア層より圧倒的に高かった。老壮青でいうと「青高老低」がもうひとつの特徴だ。

安倍内閣が59％で、岸田内閣（６月60％）とほぼ同じだった19年９月の年代別支持率を調べてみた（％）。

▼20代・69▼30代・66▼40代・63▼50代・62▼60代・55▼70代以上・52

年代を追うごとに支持率が下落、20代と70代以上では17ポイントも差がある。

これに対し６月の岸田内閣は次のようだ（％）。

▼20代・51▼30代・58▼40代・56▼50代・60▼60代・63▼70代以上・67

安倍内閣とは正反対で20代より60代が16ポイントも高い。「青低老高」だ。昔ながらの自民党支持に戻っている。

20〜30代の男性に支持の岩盤があった安倍政権。岸田政権になってそんな傾向が完全に消し飛んだ。

ただ内閣支持の理由にはカラーが出ている。「人柄が信頼できる」が岸田内閣ではいつも上位にランクする。6月も25％の人が挙げた。過去を振り返ると、発足当時から支持率が上がっていった海部俊樹内閣と小渕恵三内閣に似ている。

内閣発足8カ月後の調査をみると、ともに「人柄が信頼できる」が支持の理由で最も多く海部44％、小渕47％だ。

まじめで一生懸命。変幻自在・臨機応変なのか、朝令暮改なのかは見方によるがこだわりなく変える。寡黙だった前任者、国会答弁で反論した前々任者。前の2人が強烈なリーダーシップを発揮したのに対して無色透明感。

政策運営も積極的に打って出るのではなく、コロナ、ウクライナと起こったことに反応していくタイプだ。ゆるくて、ふわふわとして、そして、なんとなくの支持である。

そうした政権運営が問われる参院選だが、6月の世論調査の傾向がこの先、物価高への不満などで急変しない限り、自民党が大きく負けることはあるまい。

内閣支持率と自民党支持率の和を「政権安定度指数」と呼んで、政権と選挙動向をウオッチしてきているが、6月は内閣支持率60％で自民党支持率は45％と、政権安定度指数は105。

これは自民党勝利のパターンだ。過去の例をみよう（内閣％＋自民％＝指数）。

▼01年（69＋43＝112）
▼13年（63＋49＝112）
▼16年（58＋46＝104）
▼19年（52＋37＝89）

しかし内閣支持の特徴から見えてきたように、決して強い支持ではない。消極的支持だ。コロナの感染拡大がおさまりつつあり、ウクライナ危機でリーダーのもとに集まる機運が強まっているなかでの選挙戦になっているわけだ。

「レストランでメニューは出てきたが、料理はまだこれからの状態」と、ある閣僚が漏らすように、政策の具体的な内容は、はっきりしない。

さらにその先に何をやるのか、どういうふうにこの国をもっていこうとするのかも見えてこない。

明は暗に転じ、暗は明に転じるのが世の常。とりわけ政治はいつなんどき何が起こるかわからない世界だ。

京都大学の曽我部真裕教授（憲法）は、規制も統制もゆるい日本の法制度を「ゆるふわ立憲主義」と評した。その言葉を拝借すると「ゆるふわ岸田内閣」だが、決して基盤がしっかりしているわけではない。ひとつしくじるとすぐさま揺らぎかねない。

安倍元首相銃撃の衝撃

22年7月10日の参院選投票日の2日前、衝撃的な事件がおきた。安倍晋三が奈良で選挙応援の街頭演説中に銃で撃たれ、死亡したのだ。

安倍は20年9月の退陣後、健康を回復し、21年10月の衆院選後には派閥に復帰して会長に就任、最大派閥の領袖として政治的に大きな影響力を誇っていた。

安倍不在は岸田政権の権力構造に変化をもたらし、政策決定に変化を及ぼすことになる。

安倍元首相、撃たれ死亡――許されざる蛮行

2022年7月9日 日本経済新聞 朝刊1面

論説フェロー●芹川洋一

令和の世の中でこんなことがおこるのだろうか。日本は安心安全な社会ではなかったのか。安倍晋三元首相の死去は信じられない思いだ。暴力による蛮行は絶対に許すことはできない。

言論には言論で対応するのが、ここ半世紀以上にわたり、われわれがつくってきた社会だったはずだ。まさに民主主義への挑戦である。

歴史をふりかえると、1921年の原敬首相の暗殺事件、30年の浜口雄幸首相の狙撃事件、32年の五・一五事件、36年の二・二六事件と、戦前、政治的なテロが相次いだ。明治憲法下、政治的な対立が激しさを増すなかでおこった悲惨な出来事だった。

戦後も60年安保のあとの騒然たる雰囲気のもと、浅沼稲次郎・社会党委員長が刺殺される事件をはじめとして不幸なテロがおきた。

それから60年以上。われわれは戦前・戦後の反省に立って、二度とテロを繰り返さないようにつとめてきたはずだ。

現代日本がめざしてきたのは豊かで自由で安心で安全な社会だった。それが選挙遊説中に元首相が銃撃されて亡くなるという事態によって、すべて壊されてしまった。

安倍元首相は世界に通用する政治リーダーだった。7年8カ月の長期政権をつうじ、低下していた日本の国際的な地位を高め、外交・安全保障で強いリーダーシップを発揮してきた。

その政治指導者が銃弾に倒れたという事態は日本に対する信頼をいちじるしく失墜させた。

背景にはネット上を含め言論空間が極めて先鋭化し、相手を手厳しく批判、やりこめる風潮が広がっていることがあるのではないだろうか。

民主主義は相手をたたきのめすのではなく、意見の違いは違いとして認めあい、接点を求めていくことでなりたっている。その根っこで必要なものは寛容さである。

それを全面的に否定するテロには決して屈してはならない。戦前日本のテロの先に何があったのかは歴史が示すとおりだ。凶弾に倒れた安倍氏の無念さを思うとき、われわれはいまいちど社会のあり方そのものを問い直さなければなるまい。

「安倍なき」首相の暗夜行路

２０２２年８月29日 日本経済新聞 朝刊「核心」
論説フェロー●芹川洋一

政治権力は何かをきっかけに、基盤が揺らぐことがある。岸田文雄首相は今、その洗礼を受けている。引き金をひいたのは、いうまでもなく安倍晋三元首相の銃撃事件である。

最大派閥の領袖が突然、姿を消した不幸は、自民党内の政治力学や政策決定プロセスを変えようとしている。

岸田内閣に対する世論の反応にも明らかに変化が見える。［8月10日に］内閣改造・党役員人事を断行しても内閣支持率は上向かなかった。さらにここに来て報道各社の調査で支持率が急落している。

銃撃事件で明るみに出た世界平和統一家庭連合（旧統一教会）と自民党政治家とのかかわりをぬぐい去れないことへの不信感からだ。

党内第4派閥という数の劣位を、高い内閣支持率という永田町の外の論理でおぎなってきた岸田政権。安倍ショックの後遺症を克服して新たな党内秩序を形成、支持を取り戻していけるかがさしあたっての課題だ。

「死せる安倍　生ける岸田を走らす」――。そんな印象をあたえた人事だった。首相は松野博一、西村康稔、萩生田光一各氏といった安倍派幹部をそろって起用、同派ではないものの「安倍家の人びと」といってよい高市早苗、加藤勝信両氏も入閣させた。加藤、西村康稔、萩生田各氏のほか、閣内にいれた西村明宏、岡田直樹両氏はいずれも第二次安倍政権の官房副長官だった面々だ。「安倍組」勢ぞろいである。

首相は、安倍派を全体で尊重していることを示したいと周辺に漏らしていたらしいので、まさにその通りの人事をしたことになる。

政治の風景は見る方向で異なってくる。岸田首相、麻生太郎副総裁、茂木敏充幹事長の「KAM（カム）連合」からは、100人近くをかかえる安倍派が崩れないよう、とりあえず囲い込んだものといえる。政治は数、数は力の自民党。その力学に急激な変化が起こらないよう応急の土留めをしたかっこうだ。

政策決定のあり方も変容するのはまちがいない。安全保障問題では安倍氏が保守派の旗手として発言、経済財政運営でもアベノミクス路線の堅持を強く求めてきた。党内議論が沸騰しても最後は安倍氏が岸田首相と着地点を探り、党内合意を形成してきた。これからそうした手法が使えなくなる。

首相自身、政治のはこびを宏池会の先輩である大平正芳の「楕円の理論」にならって自らと安倍氏の関係を説明していたが、そのひとつの中心が突然消えてしまった。

宮沢洋一党税制調査会長は「政策決定が複雑化するのは確実だ。どういう新しいプロセスができてくるのか年末の予算編成にかけ試行錯誤のような状況だと思う」と語る（7月24日放送BSテレ東「ＮＩＫＫＥＩ日曜サロン」）。

権力をめぐる闘争である政治には、どんな時代でもいちばん力をもった人物がいるものだ。戦前であれば天皇の信認があつい明治の元勲・元老が首相を推薦、それをふまえて大命降下となった。政治権力のへそはそこにあった。伊藤博文、山県有朋、西園寺公望といった政治家がそうだ。

戦後を振りかえっても、１９５５年の保守合同のあとは自民党総裁の座をめぐって派閥がしのぎをけずった。派閥の合従連衡で多数を占めた領袖が権力をにぎった。

異彩を放ったのは田中角栄だ。ロッキード事件で逮捕、表舞台に立てなくなった中で派閥を膨張させ、政治の実権をにぎった。「闇将軍」とよばれた。やり方は異なるが、竹下登も似ている。退陣後は「竹下派支配」といわれるような二重権力構造をもたらした。ここ10年近くは「安倍一強」の時代だった。

そして今である。岸田首相が楕円から中心がひとつの円構造にできるかどうかだが、権力の移動ということでいえばモデルがある。

田中と中曽根である。同じ18年（大正7年）5月生まれで「同級闘争」と中曽根がよんだ田中との関係だ。最大派閥・田中派が後ろ盾だった中曽根内閣は「田中曽根内閣」とやゆされた。中曽根にとっては田中の影響力排除が政権運営の最重要課題だった。

それも予期せぬかたちで実現する。85年2月、田中が脳梗塞で倒れる。中曽根は「これでフリーハンドでやれるというか、独自の政策を進められるという感じになりましたね」と率直に語っている（「天地有情」）。

その後の「角抜き政局」をしたたかな政治手腕で安倍晋太郎、竹下、宮沢喜一の3人を競わせ、政権を維持した。

ともに93年初当選で「同期闘争」をしてきた岸田―安倍関係。安倍派の中堅がみるように「安倍なき政局」では首相の権力が強くなるはずだ。たしかに先の人事では内閣と党に、次や、次の次をめざす顔ぶれを抱えこんでみせた。

もちろん政治は単線ではなく複線の世界。それもねじ曲がった線路だ。あらぬ方向へ進むことがよくある。

最大派閥の混乱が自民党の下野にまで進んでしまったのが宮沢政権下。昨今の旧統一教会とのかかわりを思わせるように、次から次へと関係者が明るみに出て、リクルート事件で体力を失ったのが竹下政権。党内秩序と世論の変化は決まって何かをもたらす。

首相が普通の政治家で終わるのか、それとも手練手管にたけた権力政治家に化けて乗りこえるのか、それを問うのもまた同期の置き土産だ。

敵基地攻撃能力の保有をどうする

ロシアのウクライナ侵攻と安倍不在の中で、岸田は22年末に2つのギアチェンジ、政策大転換を実現することになる。安全保障と原発政策である。

安全保障政策は、首相就任時の21年10月と12月の所信表明演説で表明した国家安全保障戦略・防衛大綱・中期防衛力整備計画のいわゆる安全保障3文書の改定である。

なかでも焦点だったのが、首相就任直後の10月の所信表明演説では触れずに、衆院選後の12月の所信表明演説の段階で付け加えた「敵基地攻撃能力」の保有だ（政府は22年12月の3文書では「反撃能力」という表現に改めるが、それまでは一般に敵基地攻撃能力と呼ばれていたので、以下はそれにならう）。

この問題も安倍の置き土産だった。2020年8月28日、潰瘍性大腸炎の再発で退陣を表明した安倍だったが、菅内閣が発足する9月16日の直前の11日、首相の談話として発表したのが敵基地攻撃能力に関するものだった。

一般に「首相談話」は閣議決定を経て発表される。その手続きを経ない、個人的な見解の位置づけとなる「首相の談話」という極めて異例のものである。しかも敵基地攻撃能力という文言も含まれていない。

「迎撃能力を向上させるだけで本当に国民の命と平和な暮らしを守り抜くことが出来るのか。そういった問題意識の下、抑止力を強化するため、ミサイル阻止に関する安全保障政策の新たな方針を検討してまいりました」

「抑止力を高め、我が国への弾道ミサイル等による攻撃の可能性を一層低下させていくことが必要ではないでしょうか」

「これらについて、与党ともしっかり協議させていただきながら、今年末までに、あるべき方策を示し、我が国を取り巻く厳しい安全保障環境に対応していくことといたします」

７年８カ月の第２次政権をおえるにあたり、積み残しとなったこの問題を何とか次の政権で実現させたいという安倍の執念を感じさせた。

そもそも敵基地攻撃能力の議論は１９５６年２月にさかのぼる。衆院内閣委員会で当時の防衛庁長官の船田中が鳩山一郎首相の答弁を代読した。政府の統一見解である。

「わが国土に対し、誘導弾などによる攻撃が行われた場合、座して自滅を待つべしというのが憲法の趣旨だとは考えられない。誘導弾などによる攻撃を防御するのに、他に手段がないと認められる限り、誘導弾などの基地をたたくことは、法理的に自衛の範囲に含まれ、可能である」

自衛隊が発足したのは54年7月。その直後から敵基地攻撃は自衛の範囲内という解釈だった。ただ専守防衛の立場から攻撃的な兵器は持たないという見解をとってきた。

日米安保体制のもと、日米には役割分担があった。敵の基地を直接攻撃する「矛」は米軍、日本を守る「盾」は自衛隊というものだ。自衛隊は専守防衛で、あくまでも防御に徹する。自衛隊が「矛」の装備まで持つようになれば国内外の理解は得られないという政治的な判断からだ。

北朝鮮が日本にとどく弾道ミサイルの発射実験を繰りかえし、北朝鮮の脅威が高まるにつれ、自民党からはたびたび敵基地攻撃能力の保有を促す提言が出ていた。安倍が残した「首相の談話」は積年の課題に何とか風穴をあけたいという思いからだった。

ところが菅内閣では20年12月、ミサイル防衛の新たな方針を決めたものの、敵基地攻撃能力について保有の是非は先送りとなった。「今年末までにあるべき方策を示し」という安倍の談話は進展がないままにおわった。安倍は不満をもらしていた。

岸田はどうだったか。派内に波紋を広げた発信があった。翌21年の3月26日。自らのツイッターに「敵のミサイル発射能力そのものを直接打撃し、減衰させることができる能力を保有することが必要」と投稿した。敵基地の「基地」の文言はなかったが、敵基地攻撃能力の保有が必要だという考えを示したものだった。

前の年20年の9月、菅に敗れた総裁選の記者会見では「敵基地攻撃能力に関する問題は専守防衛や憲法との関係で現実的な対応ができるかという観点から議論を進めていく」と述べるにとどめていた。ツイートはそこから大きく踏みだしたものだった。

背景に何があったのか。「次」をにらんで安倍への忖度がはたらいたのかどうか定かではないが、安全保障の肝のテーマで安倍に寄ったのはまちがいない。安倍と考え方を同じくしていた副総理（当時）の麻生太郎との関係も同様だ。

とくに麻生と確執のあった、岸田の前の派閥の会長である古賀誠が総裁選直後の10月に宏池会名誉会長を辞任したことも、岸田と麻生の距離を縮めるものとなった。

翌21年の9月の総裁選でも岸田は敵基地攻撃能力について「有力な選択肢」と述べ、高市早苗とともに保有の検討の必要性を唱える側に回った。慎重論の河野太郎や野田聖子とは一線を画した。

政治家にとっての政策とは何だろうかと考えると、政治的な立ち位置を示す目印のようなところがある。権力闘争をなりわいとする彼らの間で、純然たる政策論争などというものには、めったにお目にかからない。敵基地攻撃能力にもそうした側面は否定できまい。

首相になり衆院選をおえた21年12月6日の所信表明演説で敵基地攻撃能力の保有に言及したのは先に述べたとおりだが、野党の反発だけでなく自民党内からも異論が出てくるおそれのあるテーマが選挙の争点になるのを避けようとしたものだった。

防衛費の増額を対米公約に

年が明け22年に入って、国家安全保障戦略をはじめとする安保3文書の改定作業をはじめる。国家安全保障局、外務省、防衛省などの担当者が1月から7月まで計17回、54人の有識者と個別に意見交換。つづいて9月からは「国力としての防衛力を総合的に考える有識者会議」をスタートさせた。

取りまとめの作戦参謀は安保局長の秋葉剛男だった。岸田だけでなく安倍、菅からも信任が厚く、安保局長の前は18年1月から21年6月まで外務次官をつとめ、外務次官の在任期間は戦後最長だった。岸田外交のキーマンである。

一方、自民党側では4月には安全保障調査会が提言で、「敵基地攻撃能力」の名称を「反撃能力」に変更し、保有を認めるよう求めた。反撃能力への言い換えは、先制攻撃ととられないようにするねらいからだった。

防衛費についても、北大西洋条約機構（ＮＡＴＯ）加盟国が国民総生産（ＧＤＰ）比２％以上を目標としているのを念頭に5年以内に増額するよう提言した。すべては年末の３文書改定に向けた環境づくりだった。

2月24日のロシアのウクライナ侵攻と、それに連動するかたちで、中国の膨張を背景に「今日のウクライナは明日の東アジア」といった受けとめ方も広がった。安全保障問題をめぐる環境は大きく変わっていた。

22年5月の日経の世論調査をみても、防衛費をＧＤＰ比で増加させることに賛成が56％、反撃能力の保有に賛成が60％と地合いは様変わりだった。

5月23日、岸田は迎賓館赤坂離宮でバイデン大統領との日米首脳会談にのぞんだ。共同声明に「岸田総理は日本の防衛力を抜本的に強化し、その裏付けとなる防衛費の相当な増額を確保する決意を表明し、バイデン大統領はこれを強く支持する」とのくだりが明記された。防衛費の増額が首脳の共同声明で触れられること自体が極めてまれで、対米公約にもなった。

防衛3文書の改定——安全保障政策のギアチェンジ

岸田は11月末には「国力としての防衛力を総合的に考える有識者会議」の報告書を受け取り、12月16日に3文書改定の運びとなる。反撃能力を保有し、防衛費を国内総生産（GDP）比で2％に増額する内容だ。

敵基地攻撃能力あらため反撃能力の保有にしても、防衛費のGDP比2％にしても、戦後安全保障政策の大転換だった。岸田によるギアチェンジそのものだ。

先に述べたように日米安保体制は米軍が「矛」、自衛隊が「盾」の役割分担を基本としていた。反撃能力の保有は日本も「矛」の役割を担うことを意味した。

安保関連3文書を閣議決定し、記者会見する岸田首相＝2022年12月16日午後、首相官邸

これまでの日本防衛の基本的な考え方は「基盤的防衛力構想」というものだ。1976年に三木武夫内閣ではじめて定めた防衛戦略の指針となる「防衛計画の大綱」に盛り込まれた。

自国の防衛力は、攻めてくるであろうとみられる他国の軍事力に備え、それに打ち負かされないような規模にしていこうと考えるのが普通だ。硬いことばを使えば脅威対応型の防衛力整備である。

日本はそうした考え方を取らないと、はっきりさせたのがこの構想だ。限定的で小規模な侵略に対して独力で対応できる能力を持つだけで良いというものである。

米ソ冷戦の真っただ中の76年。自衛隊がもっぱら態勢を整えたのは、ソ連が北海道に着上陸作戦を敢行した場合、それに立ち向かえるだけの防衛力の整備だった。

ソ連を念頭において脅威対応型の防衛力整備などとても無理で、「盾」となるのが精いっぱいだ。「矛」は米軍に頼り、それで対ソ抑止力をはたらかせるしかない。それは防衛費を安上がりにおさえるための知恵でもあった

ところがここへ来て極超音速をふくめ北朝鮮のミサイル開発をみればわかるとおり、わずか数分で日本にミサイルが飛来することを考えれば、敵の司令部などをふくめて攻撃される前にミサイル発射拠点をたたかないと壊滅的な被害を受けてしまう。

敵基地攻撃能力＝反撃能力は専守防衛に反しないという理屈になる。さらには圧倒的な優位をほこった米軍の軍事力も相対的に低下、日本として「自ら助くるものを助く」の自助に迫られてもいた。

76年の基盤的防衛力構想は防衛費1％とセットだった。三木内閣では防衛大綱の決定と同時に防衛費を国民総生産（ＧＮＰ）比1％以内とする方針も決定した。87年度、中曽根内閣

で１％枠は撤廃したものの、歴代内閣ではおおむね１％枠を維持してきた。

12月16日、岸田内閣がそれを転換し防衛予算を大幅に増額する方針を決めたのである。防衛費は23～27年度の5年間の総額で43兆円に増やす。現行計画の１・５倍にあたる。27年度には防衛関係予算も含め現在のＧＤＰ比で２％に近づけるといった説明のあと、岸田は記者会見でさらに次のように付け加えた。

「新たに取りまとめる3文書と、それに基づく安全保障政策は、戦後の安全保障政策を大きく転換するものですが、平和国家としての日本の歩み、これは全く不変であります。そして、我が国の抑止力、対処力を向上させることで、我が国への現実的な武力攻撃の可能性を低下させることが重要であると考えています」

エネルギー需要のひっ迫で、原発政策もギアチェンジ

大きく転換させたものがもうひとつあった。原発政策である。２０１１年3月11日の東日本大震災に伴う東京電力福島第一原子力発電所の事故からつづけてきた政府の方針を見直したのだ。

表に出てきたのは22年8月24日。夏休み明けにコロナに感染した岸田は首相公邸からオンラインで、官邸で開いたGX（グリーン・トランスフォーメーション）実行会議に出席した。次のように持って回ったいい方で、原発政策の転換を検討するよう指示した。

「（会議で）原発再稼働に向けた関係者の総力の結集、安全性の確保を大前提とした運転期間の延長など既存原発の最大限の活用、新たな安全メカニズムを組み込んだ次世代革新炉の開発・建設など、今後の政治判断を必要とする項目が示された」

「あらゆる方策について年末に具体的な結論を出せるよう、与党や専門家の意見を踏まえ検討を加速してもらう」

7月の参院選がおわるのを待ちかまえていたかのようだ。敵基地攻撃能力の保有という安保政策の転換が前年21年10月の衆院選がおわったあとの臨時国会での所信表明演説でするりと付け加えられたように、原発政策の転換は参院選後というタイミングを見はからって打ち出された。

原発政策は政権にとって、とりわけ取り扱いのむずかしい問題だった。安倍政権下では「世論調査で原発再稼働への反対は常に賛成を上回る。内閣支持率にいちばん敏感に反応するテーマだ」（官房副長官経験者）とみられていた。政権内では必要性がいわれていたものの、リプレース（建て替え）や新増設は最後まで手つかずだった。

それが変わったのは、いうまでもなく22年2月のロシアのウクライナ侵攻である。エネルギー需給がひっ迫、電気料金が大きく跳ねあがった。22年3月には東京電力・東北電力管内で「電力需給ひっ迫警報」を発令する事態となった。背に腹は代えられない――。原発再稼働への拒否反応が減った。

それまで岸田は原発のリプレースについて、従来の政府方針どおりに「現時点では想定していない」としていた。7月14日記者会見終了後の書面による質問への回答でもそうだった。それを軌道修正した。

12月22日には、GX実現に向けた基本方針として、廃炉が決まった原発の建て替え・新増設も検討し、運転期間も原則40年・最長60年だったのを運転停止期間を除外して60年を延長するとの方針をとりまとめた。

そのうえで電気事業法や原子炉等規制法、原子力基本法など5本の関連法をGX脱炭素電源法案としてひとつに束ねた。23年5月31日には成立した。大きな混乱もなく、首相指示の

22年8月からわずか9カ月。3・11以来の原子力政策が転換された。

安保転換の作戦参謀が秋葉安保局長なら、原発転換の作戦参謀は首相秘書官の嶋田隆だ。経済産業次官の経験者で、東京電力の再建にも自ら携わるなどエネルギー問題に精通。要職を歴任した与謝野馨の大臣秘書官を長くつとめ、懐刀的存在だった。岸田とは開成高校の同窓で、首席秘書官に請われた。岸田官邸で霞が関ににらみをきかせるキーパーソンでもある。

「ゆるふわ」指導者だから解けた宿題

安全保障にしても原発にしても、大きな反対運動もなく、するりと政策をギアチェンジできたのはなぜなのだろうか。繰りかえし指摘しているように、ロシアのウクライナ侵攻による国際情勢・経済情勢の変化が大きな理由であるのは論をまたないだろう。プーチンの暴挙がなければ、政策転換がすんなり進まなかったのはまちがいない。

安全保障については北朝鮮・ロシアと並んで、膨張をつづける中国への警戒感が強まっていることがある。「台湾有事は日本有事」かどうかはともかくとして、台湾統一で武力行使を否定せず、力による現状変更に動いていると見える習近平指導部に対峙するとき、有権者の多くが防衛力の増強は必要とみているためでもある。

岸田という政治指導者の政治手法も指摘できる。安倍・菅といった強いリーダーシップで政策を進めていこうとするタイプではない。先述のコラムで言及したように、強引に推し進めるのではなく、ゆるくて、ふわふわした「ゆるふわ」指導者である。良しあしは別にして、反発係数が低い。だからなんとなく、するするとものごとが進んでいく。

著者の率直な印象は、たとえが適当かどうかはともかくとして、高校野球の夏の甲子園大会で、剛速球の投手を擁し強豪とみられたチームが3回戦あたりで敗れるのに対し、軟投派の投手で下馬評は高くなかったチームが対戦相手のミスなどもあり、なぜだか決勝戦まで進んでしまっていた、といったものだ。

もうひとつ付け加えたい点がある。たしかに岸田は自らによる政策目標をかかげて何かをやろうとしているわけではない。しばしば何をやりたいのか分からないという批判がつきまとうのはこのためだ。ただいろんな課題を処理してきたのはまちがいない。反撃能力の保有は安倍の置き土産。安保3文書改定も菅からのテーマ。原発は安倍が手をつけたくともできなかった問題。グリーンとデジタルの推進は菅が打ち出した方向で、ＧＸはその延長線上。

マイナンバーカードの普及もそうだ。

　こなしているのは前任者・前々任者から先送りされてきた政策課題である。前の2人がタネをまいていたものを外部環境にも助けられてうまく育てて刈り取ったということになるのだろうか。ギアチェンジの新たなスタイルである。

　皮肉なことに自らまいた新しい資本主義というタネはまだ生育不足であることは指摘しておかなければなるまい。

衆院解散「どうする首相」――再選狙うなら秋、それとも

2023年1月30日 日本経済新聞 朝刊「核心」
論説フェロー●芹川洋一

「今年『2023年』、ありますかね?」――。衆院議員に会うと、解散の話題が時候のあいさつ代わりになっている。

　2021年10月の衆院選からまだ1年ちょっとしかたっていないものの、昨年末以

降、自民党の萩生田光一政調会長はじめ与野党幹部から解散の可能性に言及する発言が相次いでいるためだ。

最近も岸田文雄首相は「何も決まっていない」としながらも「課題にとりくみながら、そのなかで適切な選挙の時期、国民の審判をいただく時期を考えていかなければならない」と解散を模索する胸の内をのぞかせた（１月22日放送・ＢＳテレ東「ＮＩＫＫＥＩ日曜サロン」）。

そこで頭の体操をしてみよう。解散の「値」は意欲、時期、大義名分、見通しの４つの「変数」によって決まる。

【意欲】この命題は首相が24年９月に満了を迎える自民党総裁任期のその先まで総裁の座にとどまろうとすると考えることからはじまる。政権継続への意欲を持ち、再選をめざすというのが前提だ。

そのとき衆院選を総裁選のあとに設定したらどうなるか。党内の衆院議員は選挙に有利な党の顔を求め、有権者に人気の高いトップを求めがちとなる。21年の総裁選で党員投票では後れをとった河野太郎デジタル相に党内世論が傾く展開が考えられる。

そうならないようにするには、24年9月の総裁選までに解散を断行、衆院選で勝利をおさめておけば、党内からの続投への異論を封じこめるのは容易になる。

【時期】衆院を解散するには国会を開いている必要がある。そのタイミングを考えると、総裁選までに通例ではこの通常国会、秋の臨時国会、24年の通常国会と3国会しかない。

5月の主要7カ国首脳会議（G7広島サミット）をおえて6月21日までの今国会の会期末の解散はもちろん可能だが、なぜ今なのかの疑問がわいてくる。

次の次の24年の通常国会では、今年6月の骨太の方針で大枠を示すとしている子ども予算の倍増や防衛費増額で財源措置のための法案などが出てくるとみられる。消費税の例を持ちだすまでもなく、増税を決めたあとの選挙は苦戦必至だ。それは避けたいのが議員心理だ。

そう考えると、消去法で浮上してくるタイミングが今年［2023年］秋の臨時国会となる。

【大義名分】解散を断行するには何について国民の信を問うかが大事だ。

首相の「何をやるのか、具体的にどういうスケジュールで進めていくのかを示したうえで選挙を考えていくことになる」（「日曜サロン」）という発言からは、骨太の方針のあとが透かし絵のように浮かんでくる。

内閣の課題である安全保障も、少子化対策も、国家の存立にかかわる大テーマだ。その取り組みで有権者の判断を求めるのは名目になり得る。

与党側からすれば、防衛問題も財源で考え方を異にする「対立争点」だとしても、防衛力増強の方向性では立憲民主党などとの違いは少ない。少子化対策はむしろ与野党共通で取り組むべき課題にあげているものだ。おたがい反対することがなく、政策を競い合う「合意争点」だ。

昨年の参院選を振りかえってもわかるとおり、経済対策のように合意争点で選挙戦をたたかうときは政権党側に有利に働く。

【見通し】時期と大義名分が整っても、本当に解散に踏み切れるかどうかは世論の風向き次第だ。選挙に勝てるという見通しがなければ断行できない。

内閣不支持が支持を大きく上回る状況での衆院選は、野党の支持率が低いとしても選挙になれば「選挙ブースト（押し上げ）」で野党票が支持率より上積みされ、自民党関係者がよく口にする「バンザイ突撃」になってしまう。

今の内閣支持率ではとても解散を打てる状況にないのは確かだ。内閣と政党の支持率の和が100を超えるのが自民党の必勝の方程式である。そこに届かなくても内閣支持率が50％程度で選挙戦術がうまくいけば勝てるというのも小選挙区選挙の経験則だ。

サミットをへて内閣支持率がどこまで持ち直していくのか。解散に打って出ようにもできない状態がずるずるとつづく事態も考えられる。

それでなくとも党内のある実力者が「（岸田首相で）解散もない。総裁再選もない」と漏らすように、続投を望まない勢力があるのは事実だ。

【番外】岸田首相が総裁再選をめざすという前提が変われば話はまったく違ってくる。周りは続投に動くとみていたものの、総裁の座に恋々としなかった宏池会の先輩である鈴木善幸首相の例もある。何がおこるか分からないのが政治でもある。

岸田首相は正月のニッポン放送の番組で、5、6年前に山岡荘八の小説「徳川家康」全26巻を通読したと語っていた。「若いころの家康は織田信長や豊臣秀吉にずいぶんいじめられ、苦労したので共感できた」と自らの境遇と重ね合わせるかのようだった。晩年については「説教好きのおじいさん。権謀術数を弄して、次々と権力を手に入れてしまう」と違和感を示す。

しかし権力闘争の場である政治はきれいごとでは済まない。権謀術数なしに権力を維持できるほど甘くない。ドラマのタイトル「どうする家康」になぞらえれば、衆院解散「どうする文雄」である。

ギアチェンジをめざした宏池会政権をめぐる必然

ウクライナのゼレンスキー大統領が出席するなど見せ場をつくり、世界の注目を集めた23年5月の主要7カ国首脳会議（G7広島サミット）。岸田はその成果を誇示しつつ、衆院解散に打って出るかとみられ、解散風を吹かせたものの、結局、解散見送りを宣言、6月21日までの通常国会は波乱なく閉幕した。

それより先、政府は少子化対策の拡充に向けた「こども未来戦略方針」や「骨太の方針」（経済財政運営と改革の基本方針）をまとめた。防衛費の増額にしても、異次元と銘打った少子化対策にしても、懸案の財源問題は23年末の予算編成の時期に先送りとなった。

23年8月には自民党役員の1年の任期が切れる。役員人事とあわせて内閣改造を断行、体制を一新したうえで岸田は同年秋に衆院解散に打って出るのか、それとも内閣支持率が上向かず解散できないままに24年9月の総裁任期切れまでいくしかないのか。

岸田自身がいっているように、先送りされてきた課題に取り組んでいるのはたしかだ。ただ総裁再選をめざすのなら、新しい資本主義はともかくとして、受け身ではなくこの先の「何か」をきちんと示す必要があるだろう。

政治から経済へのギアチェンジに成功したものの、そのひずみの是正を迫られていた池田。有権者が嫌がる負担に切り込み、高度成長下から低成長下への財政政策の転換に挑戦し失敗した大平と鈴木。ＰＫＯでは成功したものの、政治とカネの問題でつぶされた宮沢。

安保と原発という2大課題のギアチェンジをなしとげた岸田。すでに宏池会政権として一定の役割は果たした。政権のレガシー（政治的遺産）のかたちはできたといえる。さらなるテーマは防衛と少子化の財源をいかに確保するかだ。それは衰退国家の道を歩んでいるこの国の立て直しに向けて、給付・受益と負担、財政運営のギアチェンジに真っ正面からいかに取り組むかということでもある。

ここに来てマイナンバーカードの取り扱いにからんで、社会のデジタル化へのギアチェンジもテーマとしてクローズアップされてきた。

ひとつだけいえるのは、過去４代、ギアチェンジをめざして動いた宏池会政権のおわりには必ずドラマが待っていたという事実だ。

▶岸田文雄　略歴

1957年	東京都に生まれる
82年	早稲田大学法学部卒業、日本長期信用銀行入社
87年	父・文武衆院議員秘書
93年	衆院初当選
97年	自民党青年局長
2001年	経理局長
07年	第1次安倍改造内閣・内閣府特命相 福田内閣・内閣府特命相
11年	国会対策委員長
12年	宏池会会長 第2次安倍内閣・外相
17年	自民党政調会長
21年	首相

あとがき

本書執筆の経緯について触れておきたい。日本経済新聞社の首脳はここ10年、年1回の頻度で時の首相と懇談の機会を持っている。２０２３年も４月下旬、都内のホテルで岸田文雄首相と岡田直敏会長、長谷部剛社長による会合があった。陪席を許され、横の方で話を聞いていた。

防衛力強化の話題になったとき首相が「この間、衆院厚生労働委員会に出たとき、ある立憲民主党議員が宏池会はどうなったんですか？　清和会（安倍派）の方ばかりみてやっているんじゃあないですか、と質問するんだよな」と憤懣やる方ない様子で、序論に書いたような自らの宏池会論を述べはじめた。

そこで思い当たったのは池田勇人以来の宏池会について、政界に、ある種の共同幻想論があるということだ。ハト派、リベラル……たしかにそうした面はあったかもしれないが、現実政治はそう単純な話でもあるまい。５代にわたる宏池会政権が何に取り組もうとしたかを振りかえり、共同幻想論にちょっぴり揺さぶりをかけてみるのも意味があるのではないだろうか。そんなふうに考えた。

5月の連休中、自宅に散在した関連の出版物をぱらぱらめくりながら、思いをはせた。政治記者のスタートは1979年3月で大平正芳の首相番。そのあと84、85年は宏池会の担当記者でもあった。宮沢政権下では一時期、首相官邸のキャップもつとめた。45年目の政治記者として、自らの青春時代を思いおこす作業でもあった。

メモの日付によると5月16日。またいつものように日経BP日経BOOKSユニットの野澤靖宏氏にレジュメを送り、刊行の検討をお願いした。面倒をみてもらうのは共著を含め本書が9冊目になる。

構想がまとまり手続きが完了すれば編集作業もあわせ、後は一気呵成、おかげさまで刊行となった。手際よい仕事ぶりに多謝である。

最後に付け加えておきたいことがある。会社人生がアディショナルタイム（最近はロスタイムとはいわず、そうよぶらしい）に入り、新聞記者としてのいわゆる終活をしていくなかで、感謝のことばを述べておかなければならない人がいるからだ。それは「2人の恒雄さん」

である。

1人目は読売新聞主筆の渡辺恒雄さんだ。組織にいる人間としては仕方のないことだが、重い足どりで会社に出ていた数年間がある。そんなとき大学の新聞研究所のつながりで、自らが主宰する会のメンバーに加え、政治家との会合を末席で聞く機会をあたえてくれた。政治記者としてのモチベーションを維持できたのは渡辺さんのおかげである。

2人目は元日経社長で、現在、日本経済研究センター会長の喜多恒雄さんだ。ライターとしての仕事にもどることを認めてくれた。数年ぶりに記事を書くためパソコンに向かったときにこみあげてきた感情が忘れられない。

幸せなことに長い間、政治記者をやらせてもらい、一緒に本を出せるような優秀な日経政治部の仲間たちも数多く育った。さらにはぜひ若い記者諸君にもあとにつづいてもらいたい。「日経で政治記者40数年。あなたは何をやってきたのですか？」という彼らの問いかけへのひとつの答えが本書である。

2023年7月猛暑日に

芹川洋一

党ではこれまでに、橋本・小渕・森・小泉・第1次安倍・福田・麻生・第2次安倍・菅・岸田と10の政権が誕生した。

この間、任期満了で終わった小泉、病気で退陣した小渕、安倍（1・2次）を除く5つの政権崩壊には共通点がある。それが内閣支持率が自民党支持率を下回ったときの退場である。

小選挙区選挙では内閣支持率が政党支持率を下回って首相による押し上げ効果が期待できず、政党の足を引っぱるようになれば政権維持が困難になることを意味する。

首相	内閣支持率		自民党支持率	
＊橋本龍太郎	27	<	37	＝98年6月 ⇒ 7月退陣
＊森喜朗	16	<	31	＝01年2月 ⇒ 4月退陣
＊福田康夫	29	<	37	＝07年8月 ⇒ 9月退陣
＊麻生太郎	20	<	30	＝09年7月 ⇒ 9月退陣
＊菅義偉	34	<	39	＝21年8月 ⇒ 9月退陣

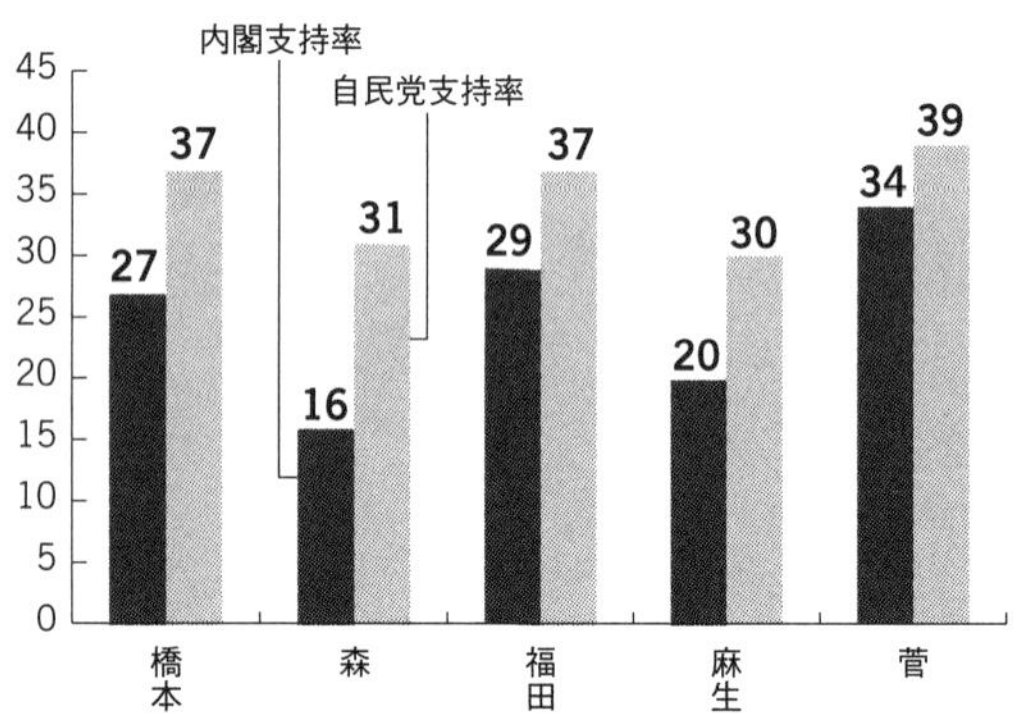

内閣	選挙	内閣支持率		自民支持率		
小泉	01/07参院	69	+	43	=112	勝利=第1
	03/11衆院	49	+	43	=92	
	04/07参院	40	+	34	=74	敗北
	05/08衆院	49	+	46	=95	勝利=第2
安倍	07/07参院	27	+	29	=56	大敗
麻生	09/08衆院	20	+	29	=49	大敗
安倍	13/07参院	58	+	46	=104	勝利=第1
	14/12衆院	51	+	38	=89	勝利=第2
	16/07参院	58	+	46	=104	勝利=第1
	17/10衆院	50	+	44	=94	勝利=第2
	19/07参院	52	+	37	=89	勝利=第2
岸田	21/10衆院	61	+	44	=105	勝利=第1
	22/07参院	58	+	43	=101	勝利=第1

もうひとつは政権崩壊の不等式である。これにも第1不等式と第2不等式がある。

第1不等式は青木氏の指摘のとおりだ。政権安定度指数≦50のときはたしかに政権はおわっている。

首相	50を切った時期	退陣時期
*森　喜朗	47=01年2月	⇒ 4月
*麻生太郎	50=09年7月	⇒ 総選挙敗北・9月
*鳩山由紀夫	47=10年5月	⇒ 6月
*菅　直人	44=11年7月	⇒ 9月
*野田佳彦	39=12年12月	⇒ 総選挙敗北・12月

第2不等式は内閣支持率が自民党支持率を下回ったときだ。

小選挙区制による選挙がはじめて実施されたのが1996年。自民

巻末資料　政権安定度指数による分析

著者は2022年6月のコラムでも触れたように、内閣支持率と自民党支持率（民主党政権下では民主党支持率）の和を「政権安定度指数（Political Stability Index = PSI）」と呼んで、政権の先行きや選挙の見通しを判断している。

故青木幹雄・元参院自民党議員会長が、内閣支持率と自民党支持率を足して50を下回ったら政権は崩壊するといった、いわゆる「青木の方程式」にヒントを得たものだ。過去の日経世論調査のデータを点検してみると、ある種の経験則が見いだせた。

歴代の政権の様子を振りかえると、政権安定度指数が80を超えればまず安泰で、100あれば盤石だ。80を切ると注意報発令で、その下を含めて以下のようにいえる。

退陣＜50＜特別警報＜60＜警報＜70＜注意報＜80＜安泰＜100＜盤石

選挙については、自民党勝利の方程式も見つかった。これには第1方程式と第2方程式がある。

▼第1方程式＝政権安定度指数＞100

──政権安定度指数が100あればまちがいなく自民党は選挙に勝利している。

▼第2方程式＝内閣支持率50％＆政権安定度指数90＆選挙戦略

──政権安定度指数は100に届かず90程度でも内閣支持率が50％あって、しかも選挙戦略が奏功したときだ。

芹川洋一　せりかわ・よういち

日本経済新聞論説フェロー。１９５０年生まれ。東京大学法学部卒業、同新聞研究所修了。76年日本経済新聞社入社。79年から２００５年まで政治部に所属し、同部次長、編集委員、政治部長を務める。その後、大阪編集局長、論説委員長、論説主幹等を経て、現職。『憲法改革』、『平成の政治』（共著）、『平成政権史』、『政治を動かすメディア』（共著）など著作多数。19年度日本記者クラブ賞受賞。18年10月からＢＳテレ東「ＮＩＫＫＥＩ日曜サロン」キャスターも務める。

日経プレミアシリーズ｜503

宏池会政権の軌跡

二〇二三年九月八日　一刷

著者　芹川洋一
発行者　國分正哉
発行　株式会社日経ＢＰ
日本経済新聞出版
発売　株式会社日経ＢＰマーケティング
〒一〇五―八三〇八
東京都港区虎ノ門四―三―一二
装幀　ベターデイズ
組版　マーリンクレイン
印刷・製本　中央精版印刷株式会社
JASRAC 出 2305940-301

ISBN 978-4-296-11865-6　Printed in Japan

日経プレミアシリーズ501

パナソニック再起

2030年への新・成長論

日本経済新聞社 編

持ち株会社制への移行を機に、矢継ぎ早に変革の手を打つパナソニックホールディングス（HD）。事業会社への権限委譲で現場が自律的に動き出し、かつての輝きを取り戻そうとしている。「松下幸之助流」を現代に適合させながら、日本企業の新しい形を模索するパナソニックHDの実像を、最前線の取材記者が描き出す。

日経プレミアシリーズ496

半導体超進化論

黒田忠広

1988年に50%あった日本企業の世界シェアが今では10%。この30年間に世界の半導体は年率5%超の成長を遂げたが、日本はまったく成長できなかった。日本は何をすべきか。日本の半導体戦略をリードするキーパーソンが、新しい半導体の世界と対応策を活写。

日経プレミアシリーズ495

なぜ少子化は止められないのか

藤波 匠

2022年の出生数は80万人を割り、わずか7年で20%以上減少する危機的な状況だ。なぜ少子化は止まらないのか。どのような手を打てばよいのか。若者の意識の変化や経済環境の悪化、現金給付の効果など、人口問題の専門家が様々なデータを基に分析、会話形式でわかりやすく解説する。

日経プレミアシリーズ497

中国人が日本を買う理由

中島 恵

高成長が曲がり角を迎え、コロナ禍以降は社会に息苦しさも感じる――。ここ数年、中国人が母国を見る目が変わりつつある。そして彼らは日本に目を向ける。食事、教育、文化、ビジネス、社会……。どんな魅力を感じるのか。豊富な取材により、多くの中国の人々の声から浮かび上がる、新しい日本論。

日経プレミアシリーズ494

「低学歴国」ニッポン

日本経済新聞社 編

大学教育が普及し、教育水準が高い。そんなニッポン像はもはや幻想?――いまや知的戦闘力で他先進国に後れをとる日本。優等生は育ってもとがった才能を育てられない学校教育、〝裕福な親〟が必要条件になる難関大入試、医学部に偏る理系人材、深刻化する教員不足など、教育現場のルポからわが国が抱える構造的な問題をあぶり出す。

日経プレミアシリーズ492

愛されるマーケ 嫌われるマーケ

日経クロストレンド 編

悪質なステルスマーケティングやおとり広告など、企業の信頼を大きく揺るがす大炎上がいくつも勃発。マーケターは今、自身が顧客に向き合う姿勢を再点検すべきとき。広告、商品開発、コミュニケーションなど多岐にわたるマーケ活動の中で、顧客との関係性をどう築くか。反響を呼んだ日経クロストレンドの厳選記事を新書化。